看图看板系列

物业工程服务

看图看板管理与问答

（实战精华版）

杨冬琼◎主编

要点分析——三大板块——122幅不同样式的要点分析图

看板展示——三大板块——73个不同类型的看板

问题解答——三大板块——44个精确的问题解答

SPM
南方出版传媒
广东经济出版社
·广州·

图书在版编目（CIP）数据

物业工程服务看图看板管理与问答 / 杨冬琼主编. —广州：广东经济出版社，2014.7

（看图看板系列·服务业）

ISBN 978-7-5454-3460-6

Ⅰ. ①物… Ⅱ. ①杨… Ⅲ. ①物业管理 Ⅳ. ①F293.33

中国版本图书馆CIP数据核字(2014)第132871号

出版发行	广东经济出版社（广州市环市东路水荫路11号11～12楼）
经销	全国新华书店
印刷	惠州报业传媒印务有限公司 （惠州市江北文华一路惠州日报社）
开本	889毫米×1194毫米 1/32
印张	6.25
字数	155000字
版次	2014年7月第1版
印次	2014年7月第1次
印数	1～4000册
书号	ISBN 978-7-5454-3460-6
定价	17.00元

如发现印装质量问题，影响阅读，请与承印厂联系调换。

发行部地址：广州市环市东路水荫路11号11楼

电话：(020)38306055 38306107 邮政编码：510075

邮购地址：广州市环市路水荫路11号11楼

.电话：(020)37601980 邮政编码：510075

营销网址：http://www.gebook.com

经济出版社常年法律顾问：何剑桥律师

前　　言

“看图看板系列”丛书分为制造业看图看板系列和服务业看图看板系列两大部分。

制造业看图看板系列包括企业管理的核心部分：生产班组、生产现场、仓库现场、生产物料、生产安全、机器设备、采购部门、外协加工、7S运作、QC手法、员工行为、成本控制、品质部门、行政部门、研发部门、销售部门16个管理现场方面；服务业看图看板系列包括：酒店前厅服务、酒店客房服务、餐厅楼面、超市卖场、物业公司、汽车美容店、汽车4S店、家政服务、家政钟点工、居家养老服务、物业清洁保养、物业安保消防、物业绿化养护、物业工程服务、社区服务、经济型酒店16个管理现场方面。

“看图看板系列”丛书有五大特色。

◇特色一：该系列丛书分为三大板块，即要点分析、看板展示和问题解答。第一大板块“要点分析”以不同形式的图形介绍了管理人员在日常工作中必须了解并掌握的关键要点；第二大板块“看板展示”则通过各类实景照片、流程图、漫画图、指示图、业绩图、统计图、线描图、进度图等直观地展示工作场景，使工作场景醒目化、可视化；第三大板块“问题解答”主要介绍了一些重点注意事项，是全书主要内容的重要补充。

◇特色二：该系列丛书最大的亮点是图文并茂，用浅显的语言加上生动的图片，将管理方法、操作技巧形象地讲解出来，使读者读起来很轻松，不会产生视觉疲劳，而且容易掌握各种管理方法。同时，该系列丛书还注重于实践过程中的实际操作要领，因而具有很强的可操作性。

◇特色三：该系列丛书充分考虑到现代人快节奏、高压力的工作方式，完全去理论化而注重实际操作性，所有知识点都使用最精确、最简洁、最直观的方式进行描述，在很大程度上满足了经理人对快速掌握工作技能的要求。

◇特色四：该系列丛书由制造业和服务业一线的管理者、顾问公司的老师共同组成编写队伍，是理论与实践经验的最佳组合，是一套快餐式、跳跃性、碎片化的阅读模式的图书。

◇特色五：该系列丛书可作为职业经理人自我学习、自我提升以及即查即用的工作手册，也可以作为相关培训机构上岗培训、团队学习的训练教材。

“看图看板系列”丛书的文字和图片获得了多家培训机构、咨询机构及企业一线管理者的支持和配合，感谢他们提供了大量的图片和内部培训资料。同时，参与编写和提供资料的还有李辉、杨冬琼、段青民、赵静洁、刘雪花、陈运花，全书最后由滕宝红统稿、审核完成。在此，编者对他们所付出的努力和工作一并表示感谢。当然，由于编者自身水平有限，不足之处在所难免，希望广大读者批评指正。

目 录

导读　物业工程服务管理简单讲

本书导读部分分为三大板块。“术语解析”对一些关键术语进行精确讲解；“管理范畴”则节选各章要点方便读者了解全章结构；“模块设置”则介绍了本书三大模块，即要点分析、看板展示和问题解答。

第一章 房屋本体维护

为了满足房屋的使用功能，延长使用年限保证其使用安全及完好状态，物业管理处必须有计划地对房屋本体进行维护及修缮工作。

第二章　设施设备日常维护

物业设施设备包括供电设备、供水设备、楼内消防设备、采暖设备、电梯设备，等等。设施设备运行维护包括了设备的运行操作、设备养护、设备维修等内容。

第三章　二次装修监督管理

业主（用户）办理完入伙手续后，在正式入住前，根据自己的使用特点和要求，对所购（租）房屋进行重新设计、分隔、装饰、布置等。有时业主（用户）入住一段时间后，或业主（用户）调换后，往往又要将原来的装修推倒，按自己的意愿重新进行装修。以上几种装修，习惯上称之为二次装修。

第四章 日常维修服务

物业管理处应当为业主（用户）提供日常维修服务，解决业主（用户）的困难。物业管理处应就维修服务作出承诺，即对维修时限、服务要求、收费标准及回访时间等作出规定，并予以公示，以确保维修服务质量。

第五章　健身与游乐设施管理

健身设施是指单杠、双杠、爬梯等用于健身的设施设备，如单杠、双杠等，它是现代小区的重要组成部分。游乐设施是指为小区儿童提供游乐服务的设施设备，如滑梯、旋转木马等。物业管理处应当做好对健身与游乐设施的管理，为小区业主（用户）提供更佳的服务。

第六章 供配电系统管理

小区的正常运转离不开供配电系统的正常运行，因此，物业管理处的设备维护人员要做好对供配电系统的管理，确保其始终处于正常工作状态中。

第七章　消防系统管理

消防安全是物业管理的核心内容，只有切实保障了消防安全，才能为业主提供良好的居住环境。这就要求工程管理人员做好消防系统的管理，确保消防系统始终处于正常运转状态中。

第八章　电梯管理

电梯是物业小区的重要公共服务设施，做好电梯的日常管理工作有助于为业主（用户）提供优质的物业服务。

第九章 节能降耗管理

节能降耗是物业管理的重要工作内容，也是物业管理处的关键性工作任务。物业管理处应当积极采取各种措施，控制能耗，节约成本，提高物业管理处的经营效益。

导读
物业工程服务管理简单讲

本书导读部分分为三大板块。“术语解析”对一些关键术语进行精确讲解；“管理范畴”则节选各章要点方便读者了解全章结构；“模块设置”则介绍了本书三大模块，即要点分析、看板展示和问题解答。

导读一：术语解析

术语01：房屋本体

房屋本体是指房屋结构相连或具有共有、共用性质的部位，如房屋的承重结构部位、抗震结构部位、外墙面、楼梯间等。

术语02：房屋本体修缮

房屋修缮是为了修复由于自然因素、人为因素造成的房屋本体损坏而采取的各种维护维修活动。房屋本体修缮主要对房屋本体即房屋本体共用部位或具有共用性质部位进行局部或全部的修复、更新。

术语03：物业设施设备档案

物业设施设备档案是指建立物业设施设备在采购、使用、保养、维修等过程中产生的各种资料。

术语04：设备维护保养

对设备进行维修保养是为了保证设备运行安全，最大限度地发挥设备的有效使用功能，因此，物业管理处工程人员应加强对设备的维修保养，做到以预防为主，坚持日常维护保养与计划维修相结合。

术语05：设备点检

设备点检时可按生产厂商指定的点检内容和点检方式进行，也可以根据经验自己补充一些点检点，可以停机检查，也可以随机检查。检查时可以通过摸、听、看、嗅等方式，也可利用仪器仪表进行精确诊断。

术语06：计划检修

计划检修是对正在使用的设备，根据其运行规律及点检的结果确定检修周期，以检修周期为基础编制检修计划，对设备进行积极的、预防性的修理。

术语07：设备委托维修

委托维修是指，当物业管理处无法独自处理自己的设备故障时，委托外部维修机构进行维修。

术语08：二次装修

业主（用户）办理完入伙手续后，在正式入住前，根据自己的使用特点和要求，对所购（租）房屋进行重新设计、分隔、装饰、布置等。有时业主（用户）入住一段时间后，或业主（用户）调换后，往往又要将原来的装修推倒，按自己的意愿重新进行装修。以上几种装修，习惯上称之为二次装修。

术语09：装修验收

装修工程完工后，业主（用户）应书面通知物业管理处验收。工程部检查装修工程是否符合装修方案的要求、施工中有没有违反装修守则、费用有否缴足，等等。如无问题，即予验收通过，退还装修保证金。

术语10：维修回访

维修回访是指为了确认和考核维修质量及维修人员的工作态度，维修工作完成后，对业主（用户）进行的回访工作。

术语11：健身设施

健身设施是指单杠、双杠、爬梯等用于健身的设施设备，如单杠、双杠等。

术语12：游乐设施

游乐设施是指为小区儿童提供游乐服务的设施设备，如滑梯、旋转木马等。

术语13：供配电系统

物业小区供配电系统是指从高压电网引入电源，到各业主（用户）的所有电气设备、配电线路的组合。

术语14：供配电系统检查

检查人员每天巡视两次高压开关柜、变压器、配电柜、电容柜、电表箱等设备。检查人员应按规定的频次进行检查、巡视、监控，并把每次所到巡视点的时间记录在“供配电系统巡视检查表”上。

术语15：消防系统

消防系统是指用于维护小区消防安全的各项设施设备的总称，它包含多个部分，例如自动报警系统、消火栓系统、喷淋系统等。

术语16：电梯

电梯是指动力驱动，利用刚性导轨运行的箱体或者沿固定线路运行的梯级（踏步）进行升降或平行运送人、货物的机电设备。电梯主要分为垂直电梯和自动扶梯。住宅物业小区主要用的是垂直电梯。

术语17：节能降耗培训

节能降耗培训是指为提高员工的节能降耗意识，使其在日常工作中落实各项节能降耗措施而进行的培训活动。

术语18：节能员

物业管理处可以督促各部门设立节能员，强化部门的节能管理，同时明确其职责。

术语19：设备改造

设备改造，就是对现有设备进行技术改造和更新，使其实现最佳节能效果的一种节能行为。

术语20：设备技术控制

技术控制包括两层含义，即运用专业节能产品，从而达到降低能耗的目的，以及运用技术方法达到降低能耗的目的。技术控制是做好物业项目节能工作的重要方法。

术语21：节能灯

节能灯，又称为省电灯泡、电子灯泡，是一种新型的节能灯具。

导读二：管理范畴

范畴一：房屋本体维护

房屋本体的日常维护

· 房屋本体的范围
· 房屋本体日常维护要求
· 房屋日常维护步骤
· 房屋承重及抗震结构部位维护
· 外墙面维护

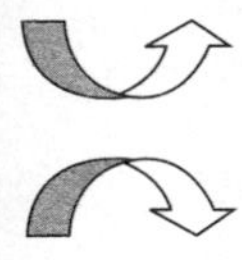

房屋本体修缮

· 房屋本体修缮类别
· 梁、柱主体的修缮
· 顶棚的修缮
· 楼梯间的修缮
· 扶手的修缮

范畴二：设施设备日常维护

设施设备日常管理

· 物业设施设备的组成
· 建立物业设施设备档案
· 加强物业设备技术运行管理
· 物业设备初期投资费用管理
· 物业设备运行成本管理

设施设备维护保养

· 设备维护保养的方式
· 设备日常维护保养工作
· 定期维护保养工作
· 设备点检
· 物业设备的计划检修

范畴三：二次装修监督管理

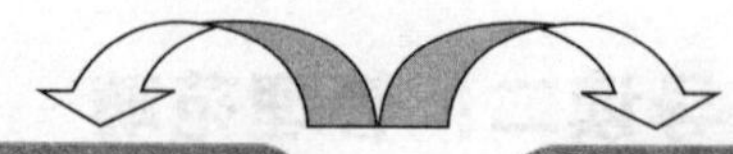

装修手续办理

· 装修申请
· 审批装修方案
· 办理装修手续
· 收取费用
· 办理入场手续

装修监督与验收

· 采取措施有效防止干扰
· 防火、动火、用电管理
· 装修现场定期巡查
· 装修违规处理
· 装修验收

范畴四：日常维修服务

维修规划

· 上门维修基本时限
· 维修服务质量标准
· 维修收费要求
· 维修收费项目

维修流程

· 接待报修
· 派工下单
· 接单准备
· 上门维修

日常维修操作

· 换锁（木门、铁门）
· 水龙头漏水处理
· 洗脸（菜）盆漏水处理
· 洗脸（菜）盆堵塞处理

范畴五：健身与游乐设施管理

健身与游乐设施管理

健身设施管理
- 健身设施管理分类
- 健身设施申请与审批
- 健身设施日常检查
- 健身设施定期维护保养
- 老旧设施更换

游乐设施管理
- 游乐设施日常检查
- 游乐设施定期维护保养
- 制定游乐设施使用规定

范畴六：供配电系统管理

供配电系统管理基础

- 供配电系统的构成
- 维护好系统标志
- 做好高低压配电运行记录
- 对运行情况进行分析
- 高低压配电房的环境要求
- 供配电系统检查

供配电系统维护保养

- 供配电系统月度保养
- 供配电系统季度保养
- 供配电系统半年保养
- 供配电系统年度保养

范畴七：消防系统管理

消防系统基础

- 消防系统的组成
- 消防监控中心运行环境要求
- 气体灭火设备间运行环境要求
- 消防水泵房运行环境要求
- 消防系统检查

消防系统维护保养

- 自动报警系统维护保养
- 消火栓系统维护保养
- 喷淋系统维护保养
- 防排烟系统维护保养
- 防火卷帘门系统维护保养

范畴八：电梯管理

电梯管理基础

- 电梯的组成
- 打开电梯的步骤
- 关闭电梯的步骤
- 电梯机房运行环境要求
- 轿厢运行环境要求

电梯管理

电梯维护保养

- 电梯维护保养的一般要求
- 电梯月度维护保养
- 电梯季度维护保养
- 电梯年度维护保养

范畴九：节能降耗管理

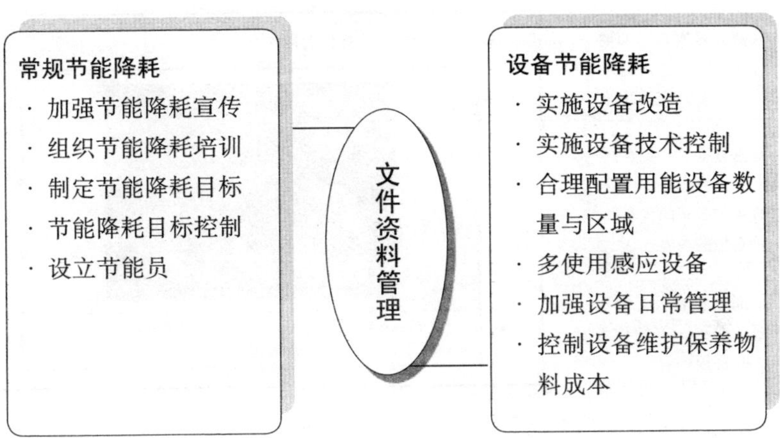

导读三：模块设置

模块一：要点分析

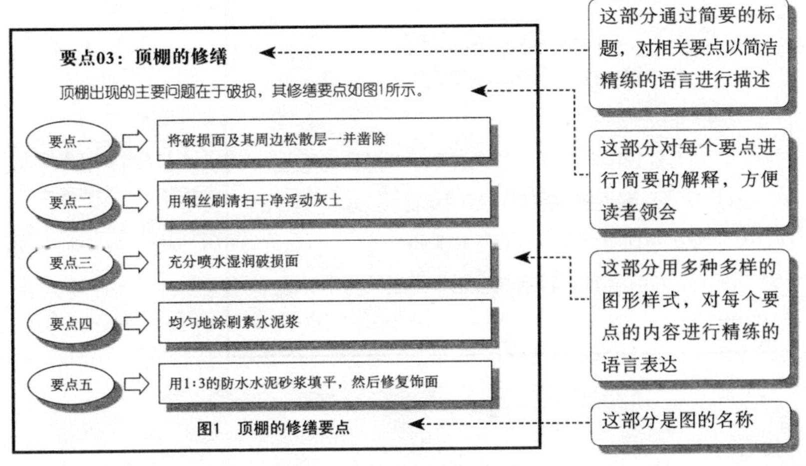

模块二：看板展示

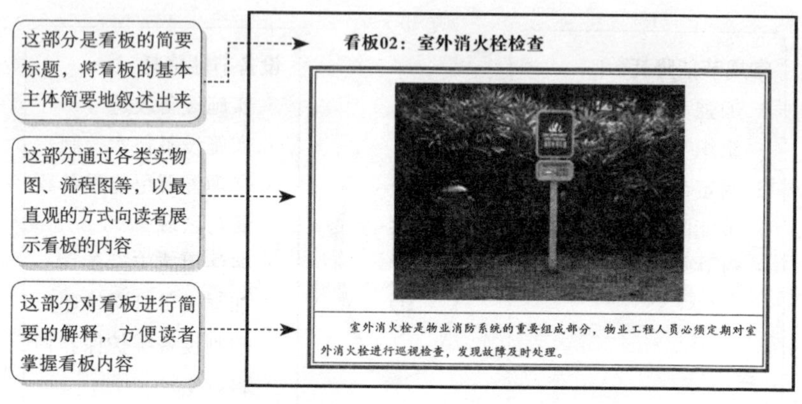

模块三：问题解答

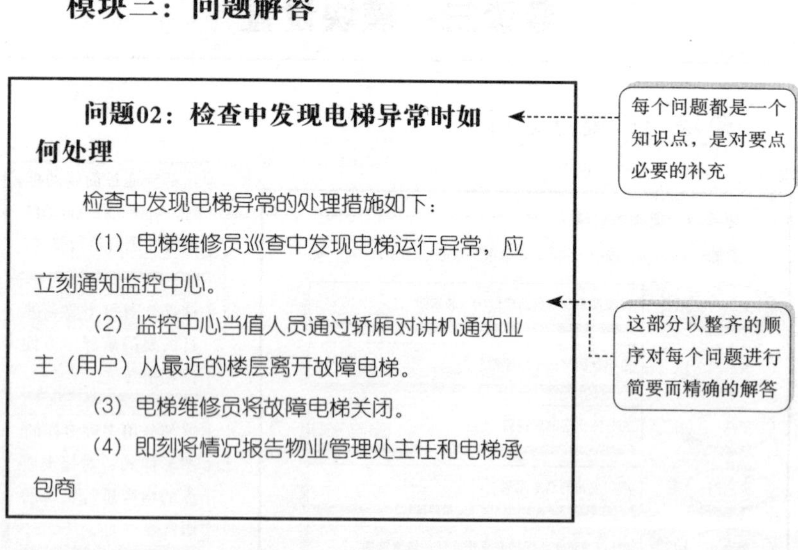

第一章

房屋本体维护

为了满足房屋的使用功能，延长使用年限保证其使用安全及完好状态，物业管理处必须有计划地对房屋本体进行维护及修缮工作。

第一节 房屋本体的日常维护

要点分析

要点01：房屋本体的范围

房屋本体是指房屋结构相连或具有共有、共用性质的部位，具体组成部分如图1-1所示。

范围一 ⇨ 房屋的承重结构部位

范围二 ⇨ 抗震结构部位

范围三 ⇨ 外墙面

范围四 ⇨ 楼梯间

范围五 ⇨ 公共通道

范围六 ⇨ 门厅

范围七 ⇨ 公共屋面

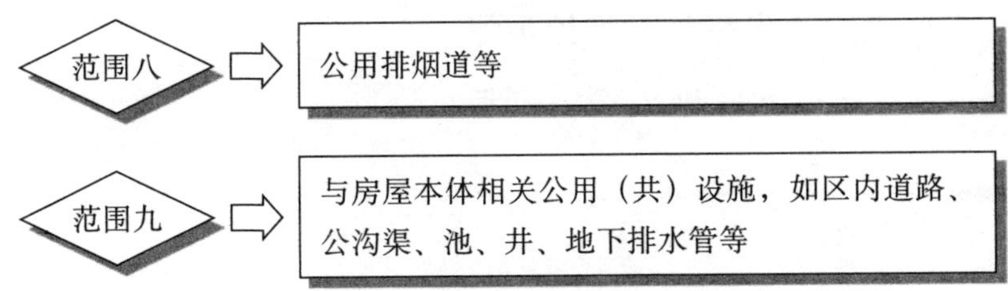

图1-1 房屋本体的范围

要点02：房屋本体日常维护要求

房屋本体的日常维护要求如图1-2所示。

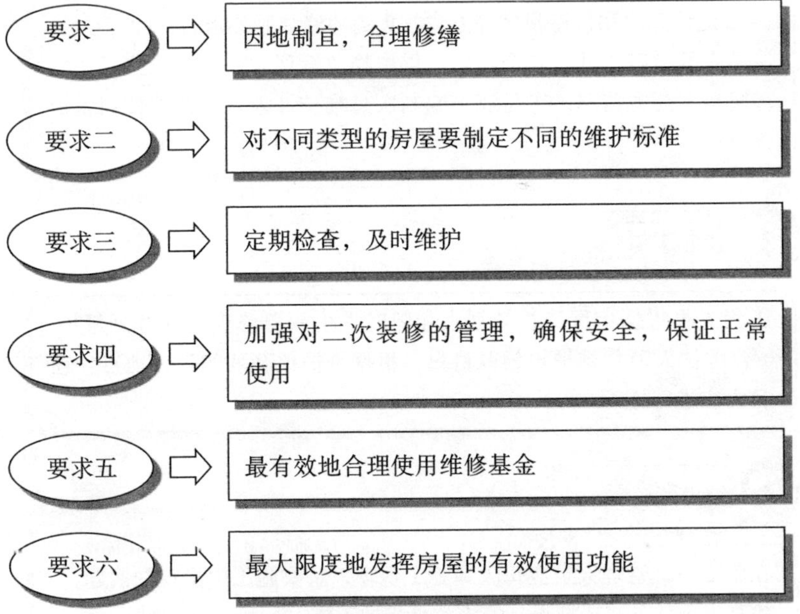

图1-2 房屋本体的日常维护要求

要点03：房屋日常维护步骤

房屋的日常维护步骤如图1-3所示。

1 项目收集

（1）走访查房。物业管理处工程人员定期对辖区内业主（用户）进行走访，并在走访中查看房屋本体各部位实际情况，对发现的需维护项目做好记录

（2）业主（用户）的随时报修

2 计划编制

通过走访查房和接待报修等方式收集到的修缮服务项目，除房屋险情等应及时解决外，其余项目，均由物业管理人员统一收集，按轻重缓急和劳力情况，于月底前编制次月维护计划表，并按计划组织实施

3 任务落实

工程人员根据房屋维护计划表和随时发生的急修项目，开列维护单；维护人员凭维护单领取材料，根据维护单开列的工程地点、项目内容进行施工

4 解决问题

在施工中，管理人员应每天到施工现场，解决施工中出现的问题，检查当天任务完成情况，安排次日维护工作

图1-3　房屋的日常维护步骤

要点04：房屋承重及抗震结构部位维护

房屋承重及抗震结构部位的维护要点如图1-4所示。

日常维护的计划、实施、标准 ⇨

（1）每月巡查一次

（2）由于使用不当照成结构局部受损较轻的，由工程部实施维护；受损较重的，上报物业管理处，邀请专业工程师“会诊”

（3）安全牢固，正常使用，功能完好

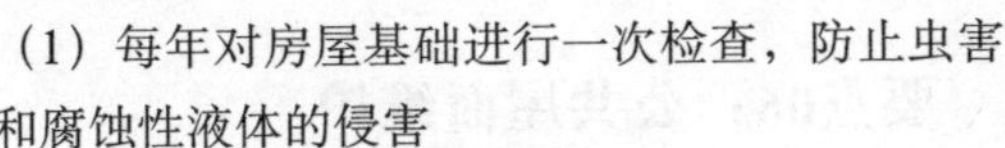

定期维护的计划、实施、标准 ⇨

（1）每年对房屋基础进行一次检查，防止虫害和腐蚀性液体的侵害

（2）工程部负责组织实施

（3）结构安全，正常使用，结构性能完好

图1-4　房屋承重及抗震结构部位的维护要点

要点05：外墙面维护

外墙面的维护要点如图1-5所示。

1 日常维护的计划、实施、标准

（1）每月检查一遍，发现问题，及时处理

（2）由工程部负责组织和实施

（3）无破损、无起鼓、无渗水、角线平直、整洁、无污渍、锈迹

2 定期维护的计划、实施、标准

（1）每年对外墙面清洗一次，每三年对较大面积渗漏及损坏、维修无效的，进行局部翻新
（2）由工程部组织实施
（3）无破损、无起鼓、无渗水、角线平直、整洁、无污渍、锈迹

图1-5 外墙面的维护要点

要点06：公共屋面维护

公共屋面的维护要点如图1-6所示。

1 日常维护的计划、实施、标准

（1）每天巡视一遍，发现问题，及时解决
（2）工程部负责组织实施
（3）无积水，无渗漏，隔热层完好无损，屋面设备、设施无损坏，无违章，无乱堆放

2 定期维护的计划、实施、标准

（1）每年全面修补隔热层一次；每年粉刷避雷网一遍；每半年疏通雨水管一次；每半年清洗天面水箱一次，消毒一次
（2）由工程部和环境管理部协同实施
（3）屋面无积水、无渗漏、整齐、清洁，隔热层完好无损，避雷系统完好，水箱水质清洁，无污染，设施设备完好无损

图1-6 公共屋面的维护要点

要点07：公用照明维护

公用照明的维护要点如图1-7所示。

日常维护的计划、实施、标准

(1) 每月检查一次，发现问题，及时解决
(2) 工程部负责组织实施
(3) 线路无乱搭接，照明灯具正常有效，开关箱体完好、无缺损

定期维护的计划、实施、标准

(1) 每年检修一次线路和灯具，更换老化线路和损坏灯具
(2) 工程部负责组织实施
(3) 线路无老化，灯具正常使用，照明完好

图1-7 公用照明的维护要点

要点08：公共通道、门厅、楼梯、大堂维护

公共通道、门厅、楼梯、大堂的维护要点如图1-8所示。

1 日常维护的计划、实施、标准

(1) 每天检查一次，发现问题，及时处理
(2) 工程部协同环境管理部负责组织实施
(3) 墙体、地面、窗户、顶棚完好无缺损；室内设施齐全整洁无灰尘、无霉迹、无违章、无乱堆放

2 定期维护的计划、实施、标准

（1）每半年对公共区域地面进行一次维护；每年对楼梯踏步进行一次全面维护；每三年对通道、门厅、墙面、顶棚、栏杆、扶手进行一次全面维护

（2）工程部负责组织实施

（3）美观完好，无缺损，整洁、清爽

图1-8　公共通道、门厅、楼梯、大堂的维护要点

要点09：上、下水管道维护

上、下水管道的维护要点如图1-9所示。

1 日常维护的计划、实施、标准

（1）每天检查一次，发现问题，及时处理

（2）工程部负责组织实施

（3）上、下水畅通，无渗漏、无堵塞；无污渍、无锈蚀；无违章私接、私断管道

2 定期维护的计划、实施、标准

（1）每年粉刷管道一次；每年检修一次，并坚固管道固定码；每年两季前检查一次雨水口，更换不合格部分

（2）工程部负责组织实施

（3）美观完好，上下水通畅，无渗漏

图1-9　上、下水管道的维护要点

要点10：冷暖气管道、通信线路、顶棚维护

冷暖气管道、通信线路、顶棚的维护要点如图1–10所示。

日常维护的计划、实施、标准 ⇒	（1）每月检查一次，发现问题，及时处理 （2）工程部负责组织实施 （3）完好，无破损、无开裂，线路通畅，使用正常
定期维护的计划、实施、标准 ⇒	（1）每年对冷、暖气管道进行一次全面维护；每年对顶棚进行一次全面维护；每年对通信线路进行一次全面检修 （2）工程部负责组织实施 （3）完好，无损坏，线路通畅，使用正常

图1–10　冷暖气管道、通信线路、顶棚的维护要点

看板展示

看板01：工程管理人员排班

物业管理处应当将工程管理人员排班情况通过看板的方式展示出来，方便为其安排房屋维修工作。

看板02：管道漏水提示

当房屋部分区域出现漏水，漏水部位正在修理中或暂时无法修理时，物业管理处应当贴出“小心地滑，敬请注意”等标志牌，提醒行人注意。

看板03：房门

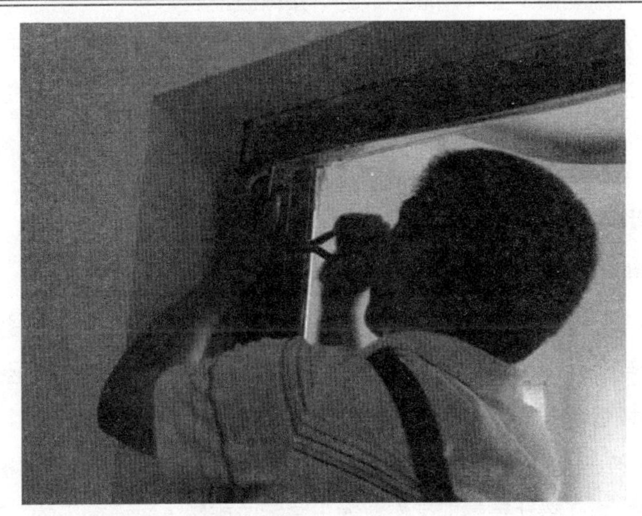

对出现损坏的房门，物业工程人员要及时进行修缮。

问题解答

问题01：业主（用户）的随时报修渠道有哪些

业主（用户）的随时报修渠道具体如下：

（1）电话通知物业客服中心，由客服中心下单到工程维修部门进行处理。

（2）设置报修信箱。在辖区的主要地段和房屋集中的街巷、院落中设置报修信箱，供业主（用户）随时报放有关的报修单和预约上门维修的信函。管理处要定期开箱收集。

（3）建立接待值班制度。管理处应配备一名报修接待员，负责全天接待，记录业主（用户）的电话、信函、来访。接待员应填写“报修单”，处理回报单上下两联组成的“接待登记表”。

（4）组织咨询活动。管理处组织有关部门利用节假日时间，征求业主（用户）的有关意见。

问题02：房屋日常维护有哪些注意事项

房屋日常维护的注意事项具体如下：

（1）凡超出日常维护范围的项目或大型维护项目，应于月底前填报“维修工程申请表”。工程部按照申报表，到实地查看，根据报修房屋的损坏情况制订有针对性的维护计划，并进行专业维修。

（2）工程人员对即将进场施工的项目要及时与业主（用户）联系，做好搬迁腾让等前期工作；对无法解决或暂不进场施工的，应向业主（用户）说明情况。

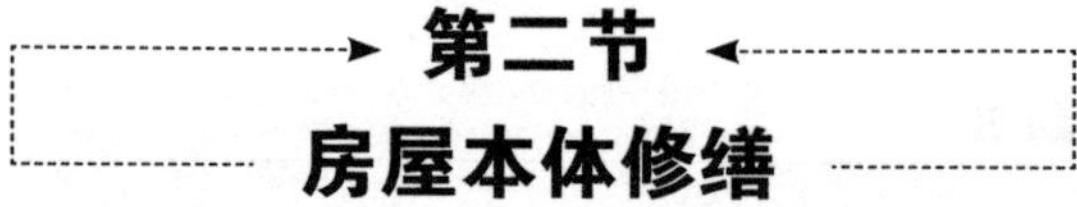

第二节 房屋本体修缮

要点分析

要点01：房屋本体修缮类别

房屋修缮是为了修复由于自然因素、人为因素造成的房屋本体损坏而采取的各种维护维修活动。房屋本体修缮主要对房屋本体即房屋本体共用部位或具有共用性质部位进行局部或全部的修复、更新。

修缮工程按照房屋完损状况，修缮工程量大小，房屋修缮工程可分为改扩建翻修、大修、中修、小修和综合维修五类，具体类别如图1—11所示。

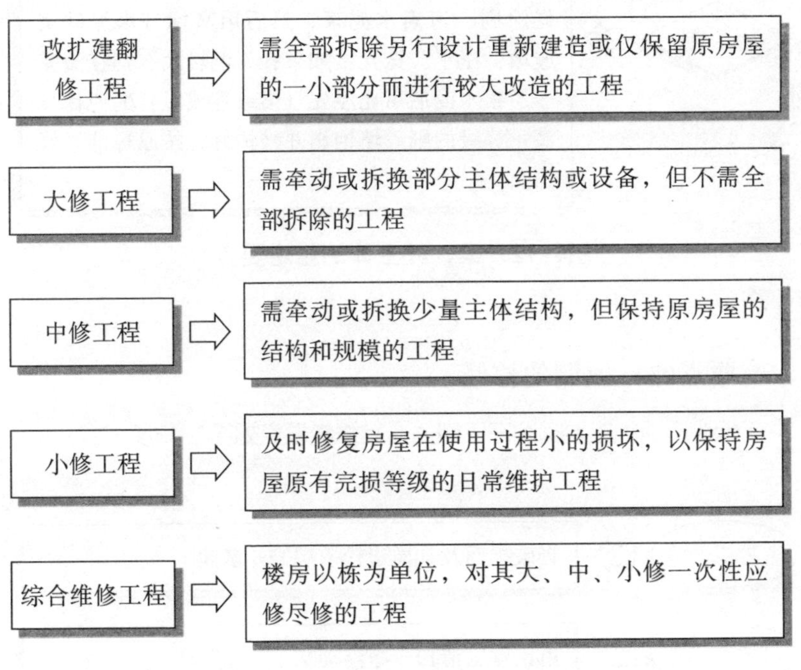

图1-11　房屋本体的修缮类别

要点02：梁、柱主体的修缮

梁、柱主体的修缮要点如图1—12所示。

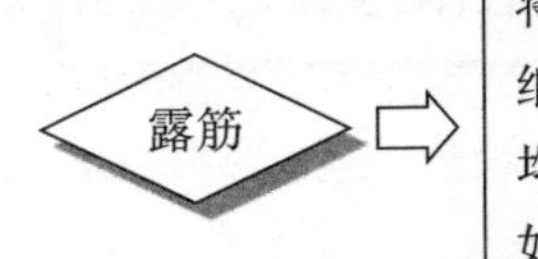

将露筋部位的松散层凿除，并将钢筋锈蚀层用砂纸打磨掉，用钢丝刷清洁干净，充分喷水湿润后均匀地刷素水泥浆层，用高标号水泥砂浆修复，如有需要还应按要求修复饰面

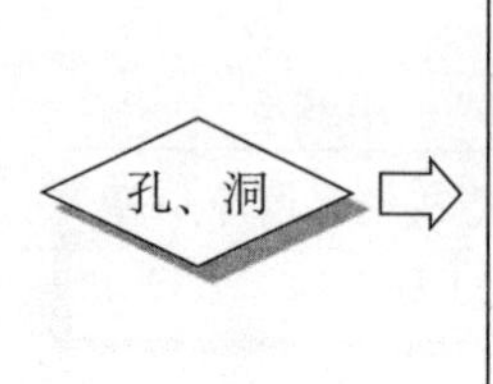

将孔、洞周边已松散的砼凿除，并用砂纸将露筋上的铁锈磨掉；用钢丝刷等有效工具彻底清除孔洞，充分喷水湿润孔、洞内壁。如系小孔、洞则先涂刷一道素水泥浆，然后用高标号水泥砂浆嵌填、压平、抹光；如果孔、洞较大，则在涂完一道素水泥后用比原先（梁或柱或板）的砼标号高一等级的细砼填饱满并维护好；按原标准做好饰面

图1-12　梁、柱主体的修缮要点

要点03：顶棚的修缮

顶棚出现的主要问题在于破损，其修缮要点如图1-13所示。

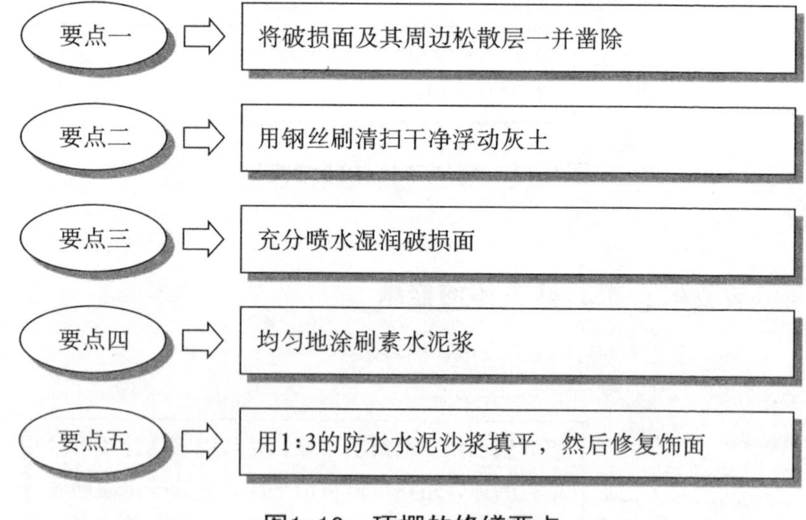

图1-13　顶棚的修缮要点

要点04：楼梯间的修缮

楼梯间的修缮要点如图1－14所示。

将缺损部位的周边已松动部分凿除至结实层，用钢丝刷清扫干净灰土。充分喷水湿润，均匀地涂刷一道素水泥浆，用1:3的水泥砂浆做好基层，修复饰面

栏板缺损

如为砼或砌块栏板，参照上述相应程序执行。如为木材或金属材料，不能修复的，应及时更换新配件，使栏板、梯板、扶手连接牢固，修复栏板（杆）饰面

图1-14　楼梯间的修缮要点

要点05：扶手的修缮

扶手的修缮要点如图1－15所示。

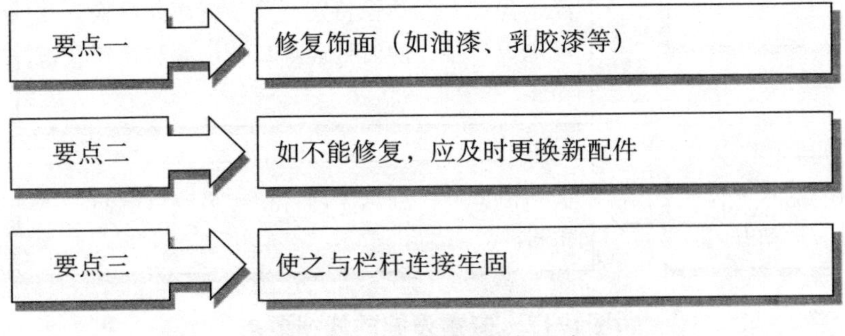

图1-15　扶手的修缮要点

要点06：门、窗的修缮

门、窗的修缮要点如图1-16所示。

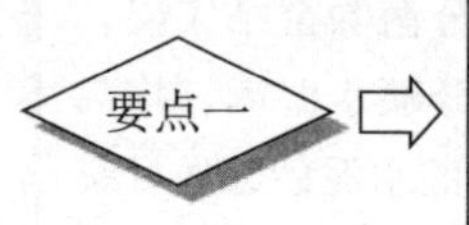

对防火门日常发现有生锈或掉漆的，应及时修理；对生锈、掉漆或起皮部位应重新刷漆；每年对防火门轴承上油一次

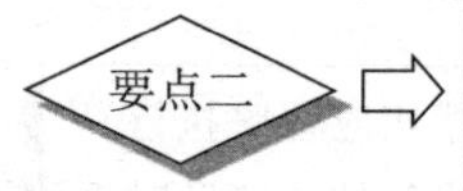

对门窗框松动、翘曲，应按相关维修程序进行维修。每年对配件上油一次

图1-16　门、窗的修缮要点

要点07：避雷设施的修缮

避雷设施的修缮要点如图1-17所示。

锈蚀	用砂纸除锈均匀涂刷二道红色防锈漆和一道银粉漆，每道漆之间要隔一段时间，以上一道漆干为准，如锈蚀特别严重，就部分更换，并用电焊连接，同时处理焊口，刷涂防锈漆及银粉漆
连接部位断开	除锈清洁后，焊接牢固，刷二道防锈漆和一道银粉漆

图1-17　避雷设施的修缮要点

要点08：屋面隔热层、防水层的修缮

屋面隔热层、防水层的修缮要点如图1-18所示。

1 屋面漏（渗）水（刚性屋面）

用胶泥或油膏修理平屋面板漏水或屋面板产生的变形，纵横泛水渗透漏，可在泛水处填三层干油毡，用聚氨酯嵌缝处理

2 出屋面管道处漏水

先将管道四周清洗干净，再用密封材料嵌缝，密封材料有：塑料油膏、氯丁橡胶、聚氨酯、PVC胶泥

3 檐沟处漏水

可用密封材料在滴水处嵌缝，檐沟底部可用两布四油氯丁橡胶防水层进行修漏，也可用满涂胶泥或油膏的方法修漏

图1-18　屋面隔热层、防水层的修缮要点

要点09：屋面水池（箱）的修缮

屋面水池（箱）的修缮要点如图1-19所示。

渗漏 ⇨ 先将水池（箱）四壁清洗干净，做一布四胶防水层（或其他材料防水层），外涂一层水泥防水层，再用1:2水泥砂浆做防护层

水池（箱）检查口盖缺损 ⇨ 应立即维修并加锁，刷二道防锈漆，并定期检查

图1-19　屋面水池（箱）的修缮要点

看板展示

看板01：屋顶水箱

屋顶水箱是非常重要的供水设施，一旦发生 渗漏、水池（箱）检查口盖缺损等情况，要及时进行修缮。

看板02：楼梯间

楼梯是业主（用户）使用较多的物业设施，也是容易发生损坏的设施，工程人员要做好修缮工作，消除安全隐患。

看板03：管道修缮

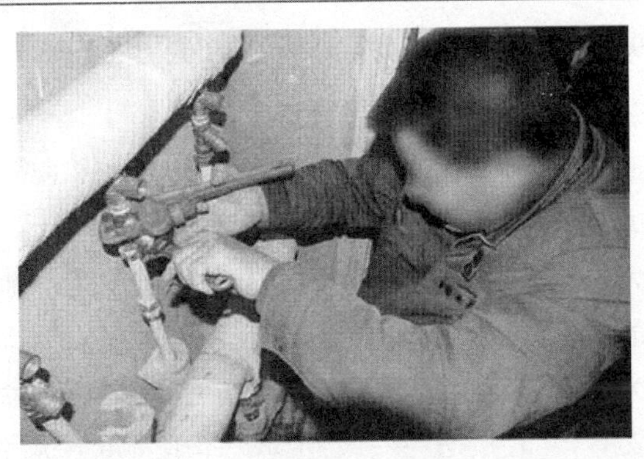

房屋中会有大量的管道，工程人员要加强对管道的维护保养工作，确保其能够正常地供水、供气。

看板04：避雷针

避雷针是房屋本体的重要设施，工程人员应当对锈蚀、连接部位断开等情况进行及时处理。

问题解答

问题01：房屋本体修缮有哪些注意事项

房屋本体修缮的注意事项具体如下：

（1）改扩建设计方案需结合房屋本体竣工图纸，保证房屋本体外观及功能的基础上进行方案设计。

（2）大、中修工程必须由有资质的专业公司实施，施工单位的选择及成本概预算方案，报公司审批后实施。

（3）房屋本体的中修、大修需使用住宅专项维修资金进行维修、更新、改造的，按照当地住宅专项维修资金管理制度等执行。

（4）建立房屋使用安全检查评估鉴定机制，定期对房屋本体进行全面的安全检查、评估及鉴定，将结果形成标准进行存档。

（5）对房屋本体检查、评估鉴定时发现的问题，项目责任人应及时采取措施进行修缮。

问题02：人行道、车行道出现损坏、起砂该如何处理

人行道、车行道出现损坏、起砂时应采取如下措施：

（1）日常发现有损坏的人行道、车行道应及时修补。

（2）对表面起砂的应先用榔头把酥松起砂的部分敲松，然后用高压水枪冲刷干净后，用高强速凝水泥砂浆修复。

问题03：玻璃幕墙、玻璃门出现损坏该如何处理

玻璃幕墙、玻璃门出现损坏时应采取如下措施：

（1）每年对玻璃幕墙进行一次全面清洗及保养，对玻璃幕墙（玻璃门）的玻璃胶进行检查，发现有脱胶的应补胶，对玻璃门轴上油一次。

（2）在大风、大雨等来临前夕，应对窗户、玻璃幕墙仔细检查，发现问题及时处理，以免发生意外。

第二章
设施设备日常维护

物业设施设备包括供电设备、供水设备、楼内消防设备、采暖设备、电梯设备，等等。设施设备运行维护包括了设备的运行操作、设备养护、设备维修等内容。

第一节 设施设备日常管理

要点分析

要点01：物业设施设备的组成

物业管理处要对物业设施设备维护、管理好，首先必须对物业区域范围内有哪些设施设备心中有数。一般住宅中有给排水、供电和卫生等设施设备，而现代化的商务大厦还有电梯、中央空调、消防、安防、办公自动化、通信网络和各种电子信息设施设备等设备。我国城镇建筑的物业设施设备的构成如图2-1所示。

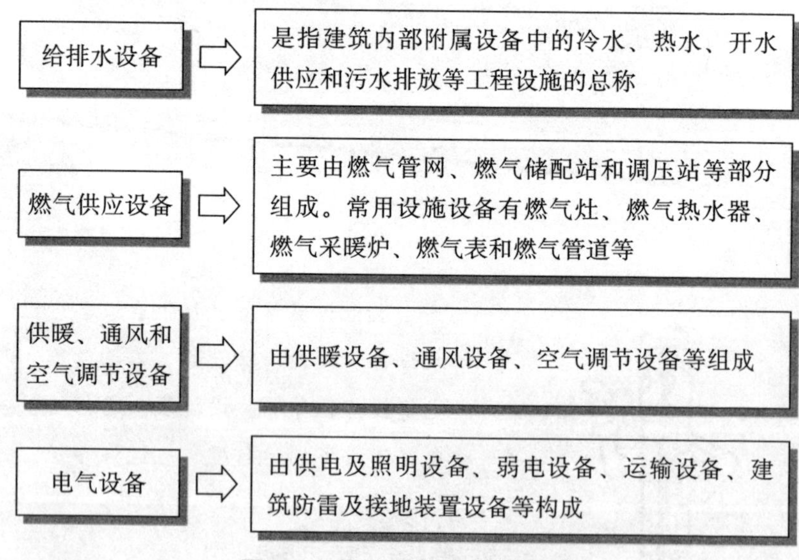

图2-1　物业设施设备的组成

要点02：建立物业设施设备档案

物业设施设备档案是指建立物业设施设备在采购、使用、保养、维修等过程中产生的各种资料。物业管理处必须对设备的档案做好管理工作。物业设施设备档案类别如图2–2所示。

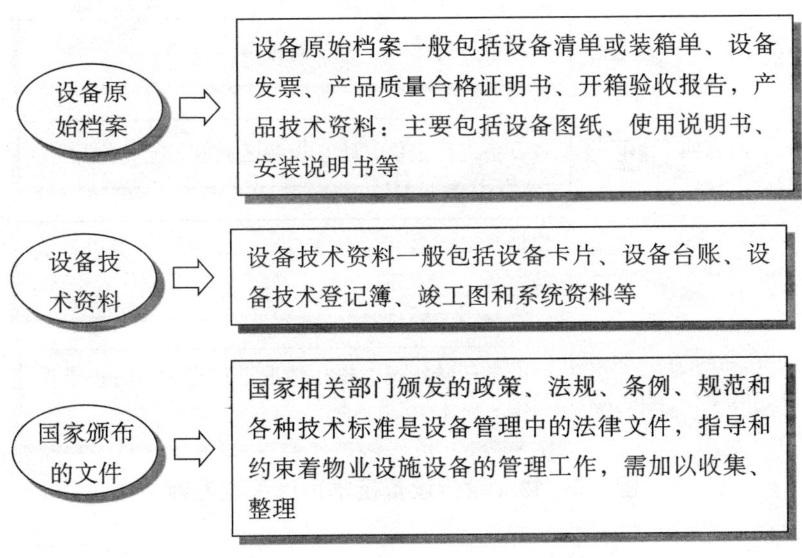

图2–2　物业设施设备档案类别

要点03：加强物业设施设备技术运行管理

物业设施设备技术运行管理就是要建立合理的、切合实际的运行制度、运行操作规定和安全操作规程等运行要求或标准，建立定期检查运行情况和规范服务的制度等。其主要作用是保证设备安全、正常的运行。物业设施设备技术运行管理内容如图2–3所示。

内容一 ⇨ 针对设备的特点，制定科学、严密、切实可行的操作规程

内容二 ⇨ 对操作人员要进行专业培训教育，国家规定需持证上岗的工种必须持证才能上岗

内容三 ⇨ 为设备进行编号，方便对设备的管理

内容四 ⇨ 对设备进行定位，防止设备区域放入无关物品

内容五 ⇨ 定期校验设备中的仪表和安全附件，确保设备灵敏可靠

内容六 ⇨ 对设备运转状况、操作情况进行提示，防止错误操作的发生

图2-3　物业设施设备技术运行管理内容

要点04：物业设施设备初期投资费用管理

物业设施设备初期投资费用是指物业设施设备的购置费用。物业管理处在购置设备时，应结合实际情况综合考虑以下因素，具体因素如图2-4所示。

因素一 ⇨ 设备的技术性能参数必须满足使用要求及发展的需要

因素二 ⇨ 设备的安全可靠程度、操作难易程度及对工作环境的要求

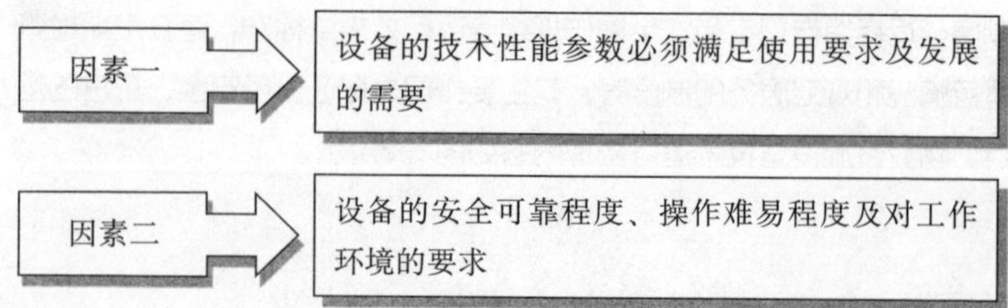

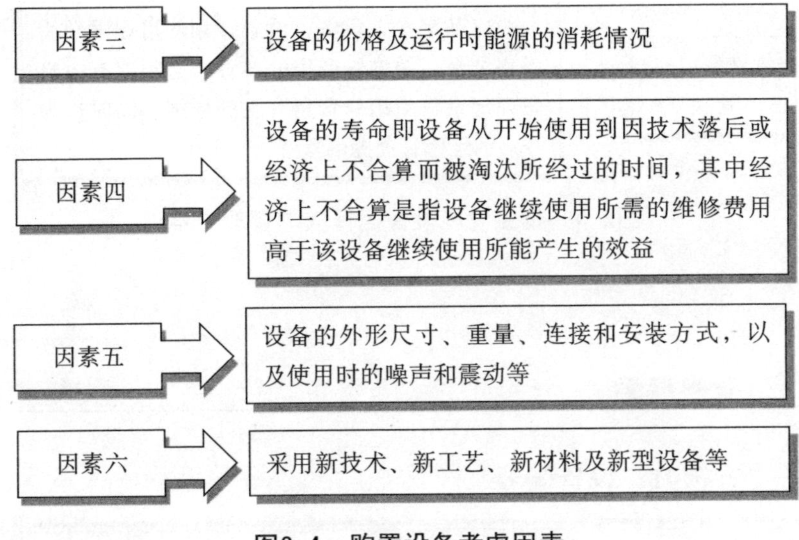

图2-4　购置设备考虑因素

要点05：物业设施设备运行成本管理

运行成本管理主要包括能源消耗经济核算、操作人员配置和维修费用管理等方面，具体内容如图2-5所示。

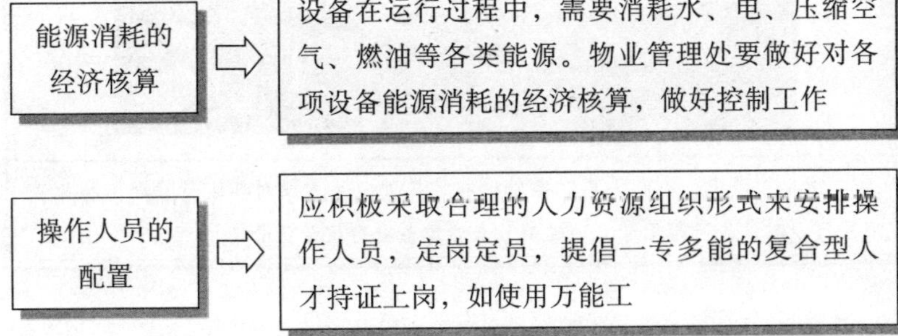

维修费用的管理	⇨	一般应确定专人负责，做到计划使用和限额使用相结合。对维修费用的核算，必须要有故障修理记录作为维修费用开支的依据；同时也为今后的维修管理提供参考

图2-5 物业设施设备运行成本管理内容

看板展示

看板01：设备编号

物业管理中，有些同类设备外观非常接近，为方便对其进行管理，物业管理处可以对设备进行编号，通过编号来对设备进行规范化管理。

看板02：设备定位

物业管理处应当为每台物业设施设备进行定位，固定其放置区域，并在设备周围画线，避免将其他物品放入设备所在区域。

看板03：设备运转提示

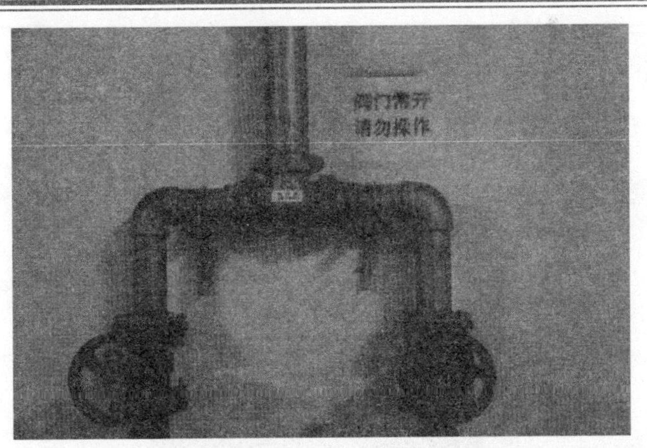

物业管理处必须对正在运转的设备进行标示，防止误操作情况的发生。

看板04：设备操作提示

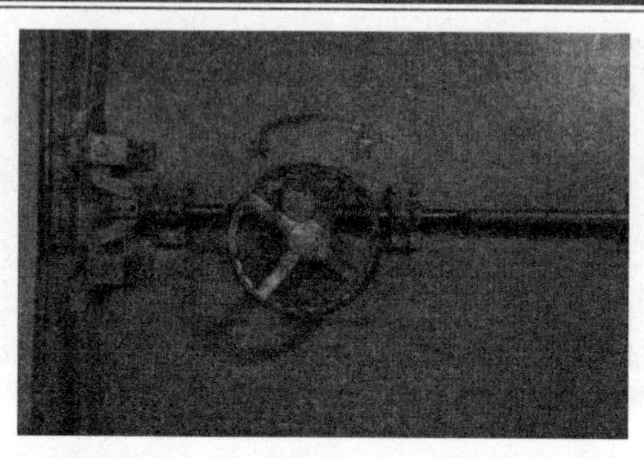

有些物业设施设备，如旋钮开关等，工程人员应当标明“开”“关”等操作信息，方便操作人员按照提示进行操作。

看板05：设施设备区域标示

小区内往往会有大量的水管，为避免对其造成损坏，工程人员应当在其所处区域进行标示，提醒相关人员注意。

问题解答

问题01：国家颁布的关于物业工程管理方面的文件都有哪些

国家颁布的关于物业工程管理方面的文件具体如下：

（1）政策、法规、条例及规范，例如《中华人民共和国水污染防治法》《中华人民共和国大气污染防治法》《中华人民共和国放射性污染防治法》《中华人民共和国水法》《中华人民共和国消防法》《建筑设计防火规范》《高层民用建筑设计防火规范》《人民防空工程设计防火规范》《中华人民共和国节约能源法》等。

（2）技术标准，例如《生活饮用水卫生标准》《室内空气质量标准》《室内环境质量评价标准》《污水综合排放标准》《中华人民共和国国家标准——工业锅炉水质》《锅炉大气污染物排放标准》《建筑装修工程质量验收标准》《城市区域环境噪声标准》等。

问题02：管理物业设施设备档案有哪些注意事项

管理物业设施设备档案的注意事项具体如下：

（1）将收集好的资料分好类，按管理处文件控制程序的规定加以保管，并明确管理责任人，及借阅手续与程序，以便让资料保管完好、不流失。

（2）设置专人进行保管，档案一旦丢失，应追究其责任。

（3）设置专门的储存室进行储存。

第二节 设施设备维护保养

要点分析

要点01：设备维护保养的方式

对设备进行维修保养是为了保证设备运行安全，最大限度地发挥设备的有效使用功能。因此，物业管理处工程人员应加强对设备的维修保养，做到以预防为主，坚持日常维护保养与计划维修相结合。维护保养的方式主要是清洁、紧固、润滑、调整、防腐、防冻等，具体方式如图2-6所示。

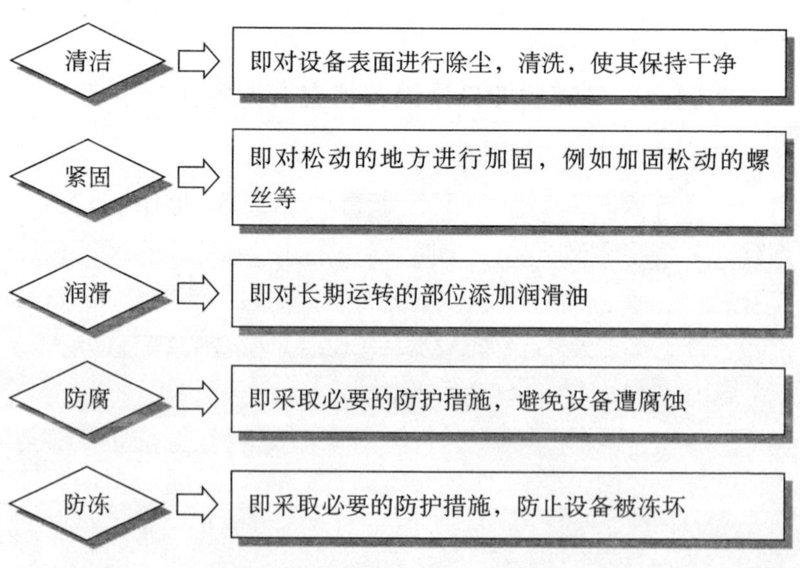

图2-6 设备维护保养的方式

要点02：设备日常维护保养工作

设备日常维护保养工作的要求如图2-7所示。

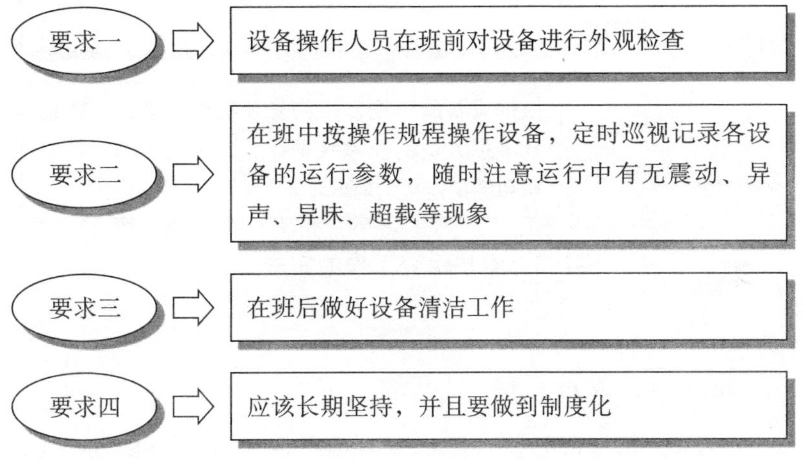

图2-7　设备日常维护保养工作的要求

要点03：定期维护保养工作

定期维护保养工作的要求如图2-8所示。

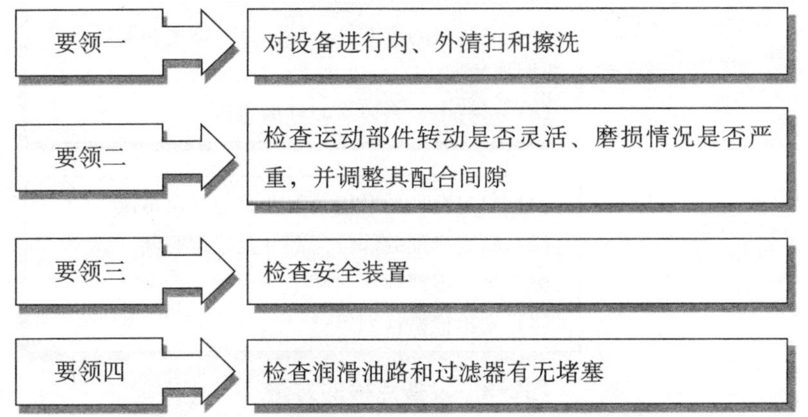

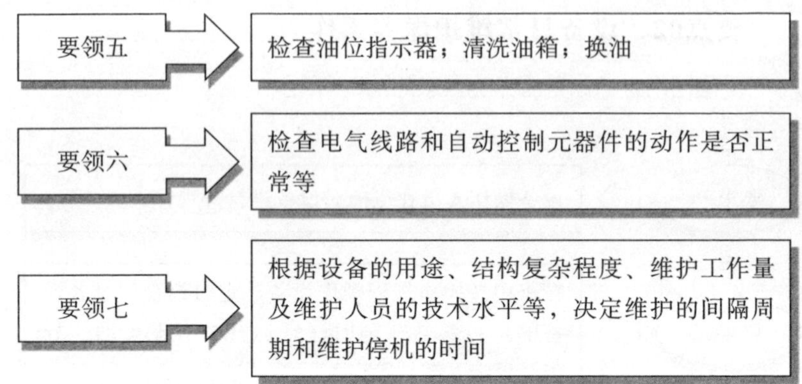

图2-8　维护保养工作的实施要领

要点04：设备点检

设备点检时可按生产厂商指定的点检内容和点检方式进行，也可以根据经验自己补充一些点检点，可以停机检查，也可以随机检查。检查时可以通过摸、听、看、嗅等方式，也可利用仪器仪表进行精确诊断。设备点检的方法有日常点检和计划点检两种，如图2-9所示。

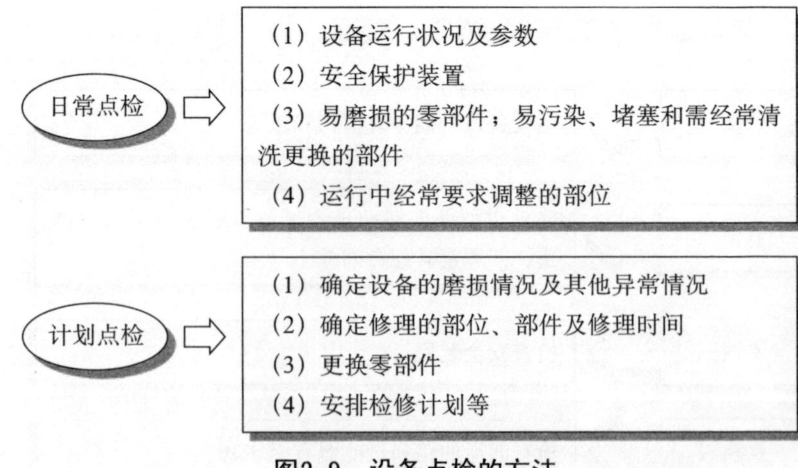

图2-9　设备点检的方法

要点05：物业设施设备的计划检修

计划检修是对正在使用的设备，根据其运行规律及点检的结果确定检修周期，以检修周期为基础编制检修计划，对设备进行积极的、预防性的修理。

根据设备检修的部位、修理工作量大小及修理费用的高低，计划检修工作一般分为小修、中修、大修和系统大修四种，具体内容如图2-10所示。

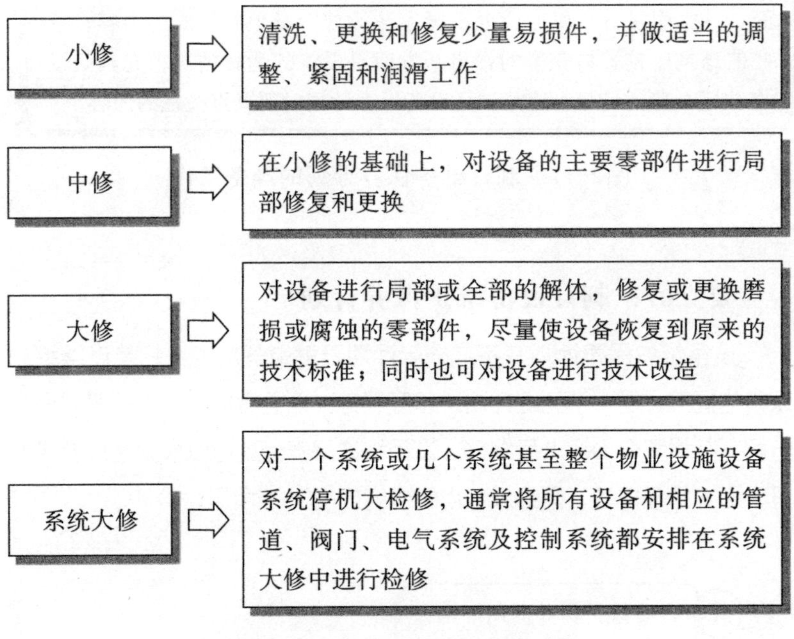

图2-10　计划检修工作种类

要点06：制订维护保养计划的准备工作

物业设施设备的维护保养计划一般是以年度维护保养计划为框架展开的，物业管理处一般在上年的12月份制订下一年度的设备保养计划。制订维护保养计划的准备工作内容如图2-11所示。

1 确定需要保养的设备

物业管理处应该建立按照设备系统划分的设备档案，通过设备档案就可以全面了解设备现状并制订相应的保养计划

2 确定保养工作的内容

保养工作的内容要根据设备运行状态确定，主要是基于以下两个方面：一方面是设备供应商以及国家法律规定必须要保养的内容，这些信息是比较容易获得的；另一方面是设备的运转情况，尤其是设备出现故障的信息，这是制订设备保养计划时要重点关注的内容

图2-11　制订维护保养计划的准备工作

要点07：制订设备维护保养计划

设备维护保养计划并不是一张计划表就能解决的，它是设备维护保养的框架，是一系列的计划。年度保养计划在每月、每周都需要进行分解，并对工作内容进行细化。设备维护保养计划可以根据管理要求制订，形式是多样的，但必须包含的内容如图2-12所示。

1 设备维护保养周期结构

设备维护保养周期结构是指设备在一个修理周期内，小修、中修、大修的次数及排列顺序。修理周期是指两次大修理之间或新设备开始使用至第一次大修理之间的时间

2 维护内容

设备的定期保养不论是小修、中修，还是大修，都必须制定详细的工作内容，特别要注意参考日常维护保养中发现、记录的异常情况，设备在大修时更要详细列出维修内容与具体维修项目

3 设备维护保养工作定额

设备维护保养工作定额包括工时定额、材料定额、费用定额和停歇天数定额等

图2-12 设备维护保养计划内容

要点08：设备维护保养计划的实施

如果没有特殊情况发生，设备维护保养的实施则应该按照维护保养的计划进行，具体实施要点如图2-13所示。

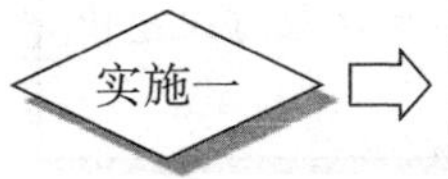

在具体工作开始前，要对工作进行分解，准备好相关材料，实施保养后要进行验收和记录

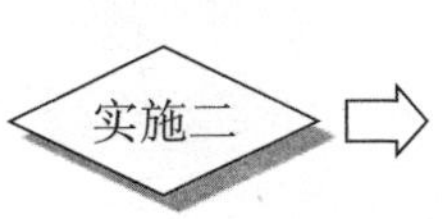

如果当天的维护保养工作受到干扰，或者因为其他原因没有完成工作，则需要重新安排维护工作，既要完成没有实施的工作，又要考虑到不影响其他工作

比较简单的办法可能是让员工加班完成工作计划，但加班毕竟影响到员工的正常休息，而且也增加了公司的支出，因此采用加班时应要慎重考虑

图2-13 设备维护保养计划的实施

要点09：设备委托维修

委托维修是指，当物业管理处无法独自处理自己的设备故障时，委托外部维修机构进行维修。为保证委托维修质量，物业管理处应掌握以下要点，如图2-14所示。

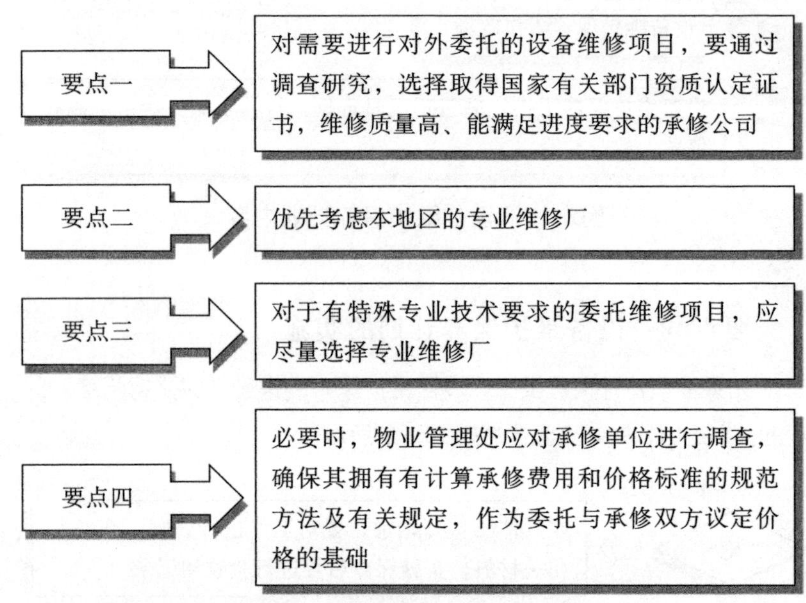

图2-14　设备委托维修要点

看板展示

看板01：设备清洁

工程人员要经常对各类物业设施设备进行清洁，扫除设备表面灰尘，使设备变得干净整洁，正常运转。

看板02：设施设备保养计划

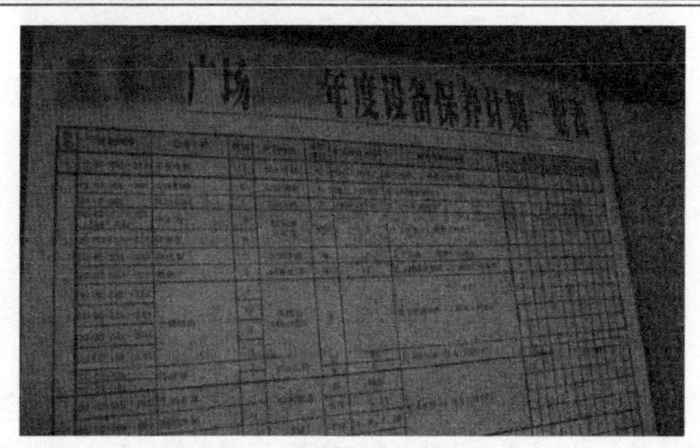

物业管理处应当制订完善的设施设备保养计划，并通过看板的方式明确公布出来，使工程人员按照计划要求开展保养工作。

看板03：设备运行标志牌

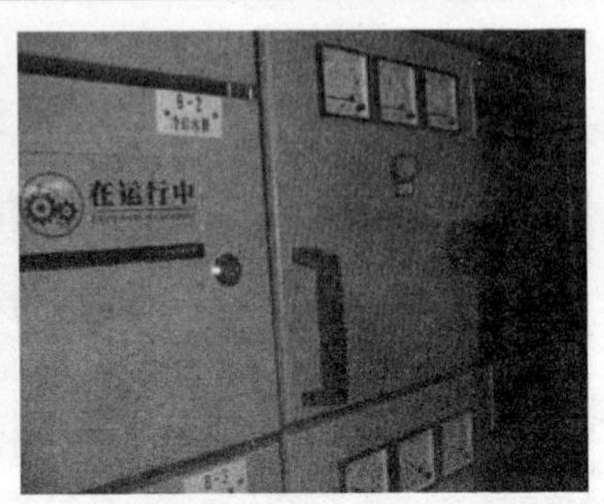

工程人员应当在正在运行的设备旁边放置“在运行中”等标志牌，标明设备的状态，防止误操作。

看板04：总开关检查

物业工程人员要定期对总开关进行检查，确保开关正常，且无漏电危险，发现漏电危险要及时采取措施进行解决。

看板05：设备运行检查记录

工程人员在对设备进行检查时要做好记录工作，准确记录设备的具体运行状况。

看板06：设备保养提示

工程人员在对设备进行维护保养时，应在设备外面悬挂“禁止合闸有人工作”警示牌，表示有人正在工作，不要操作设备。

问题解答

问题01：制订设备年度保养计划要考虑哪些问题

设备年度保养计划要考虑以下几个问题：

（1）哪些设备在下一个年度中需要保养？

（2）该设备保养的工作内容是什么？

（3）保养需要的工作量有多少？

（4）各设备分别安排在什么时间进行保养？

问题02：委托维修承修单位应具备哪些条件

委托维修承修单位应具备以下条件：

（1）必须具有有关主管部门认定的资格证书。

（2）要有合法的营业执照、银行开户行账号和正规的发票。

（3）注册资金应达到一定的数额。

（4）维修场地、工艺装备及其他设施要达到承修任务所必需的基本要求。

（5）必须拥有与承修任务相关的技术资料、质量标准，同时应拥有相应数量的、经验丰富的、掌握多方面知识和技能的中高级设备工程师和技师指导或参与设备维修工作。

（6）要有符合实际需要的质量保证体系和完善的检测手段。

第三章
二次装修监督管理

业主（用户）办理完入伙手续后，在正式入住前，根据自己的使用特点和要求，对所购（租）房屋进行重新设计、分隔、装饰、布置等。有时业主（用户）入住一段时间后，或业主（用户）调换后，往往又要将原来的装修推倒，按自己的意愿重新进行装修。以上几种装修，习惯上称之为二次装修。

第一节 装修手续办理

要点分析

要点01：装修申请

业主（用户）的室内装修，须于装修入场前一周向物业管理处书面申请“装修审批表”，并提交装修方案。装修方案的资料具体如图3-1所示。

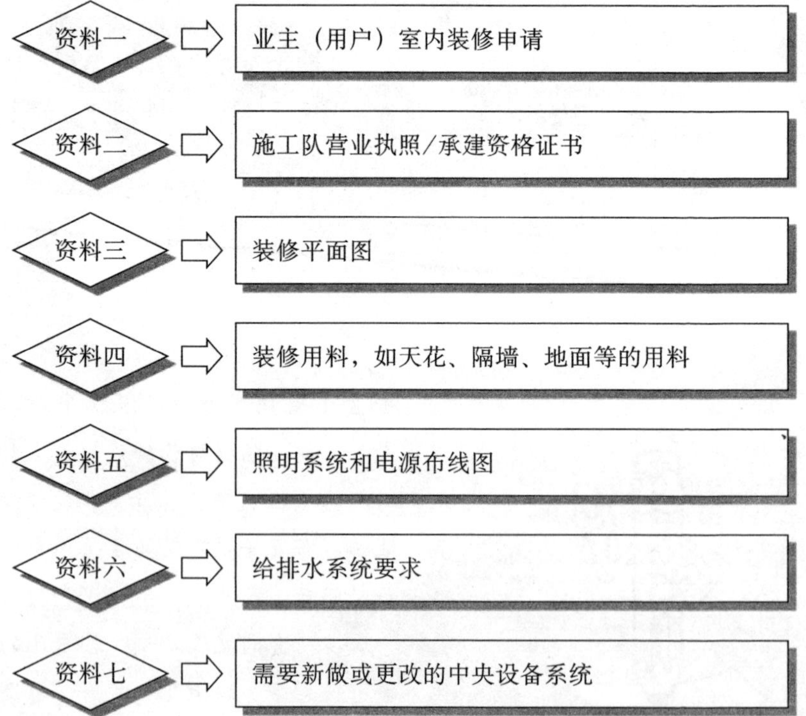

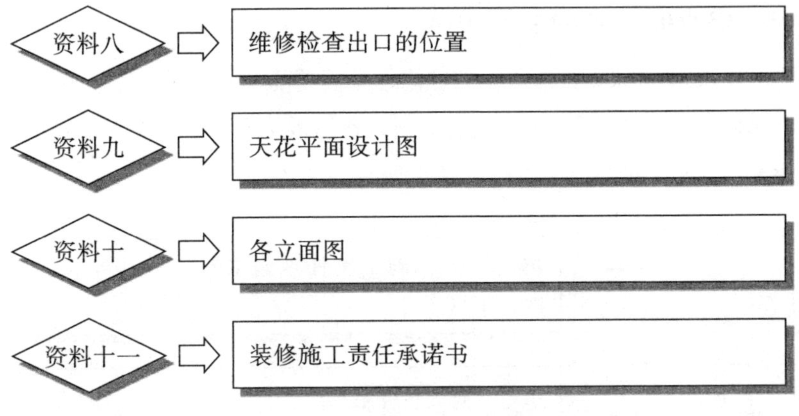

图3-1 装修方案的资料

要点02：审批装修方案

物业管理处要对装修方案进行审批，审批要点如图3-2所示。

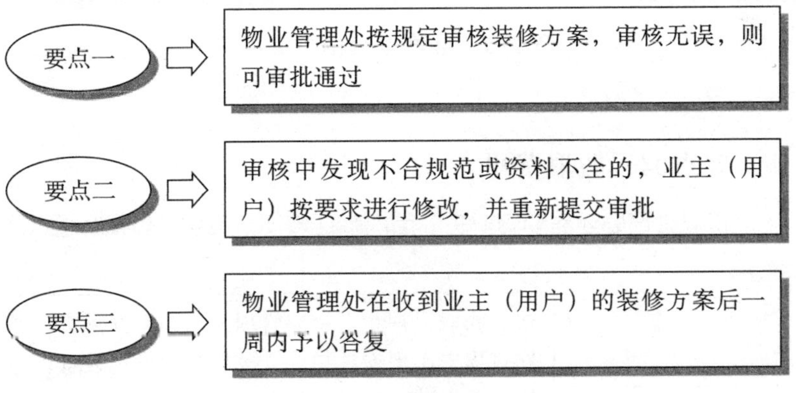

图3-2 审批要点

要点03：办理装修手续

装修申请获得批准后，物业管理处应提前一天通知业主（用户）和装修单位交费和办理相关证件，并负责带领装修单位一同到工程部办理有关手续，填写相关表格，具体表格如图3-3所示。

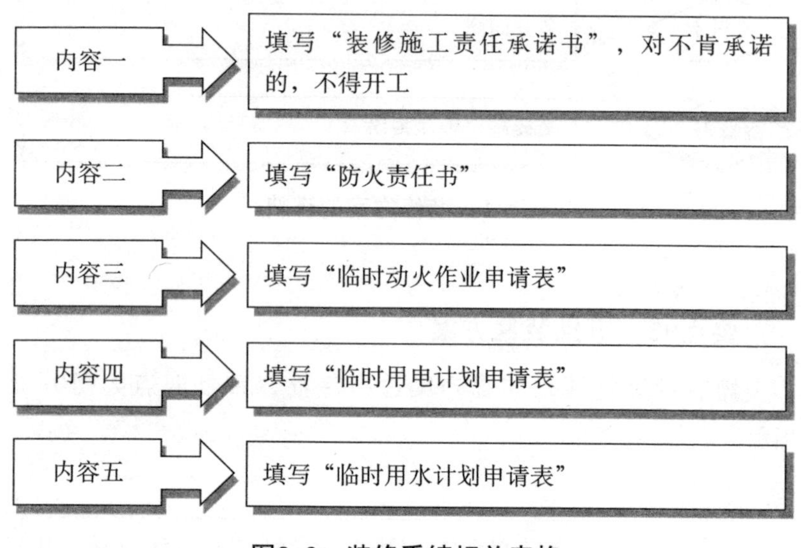

图3-3　装修手续相关表格

要点04：收取费用

物业管理处还需要向业主（用户）征收部分费用，具体如图3-4所示。

装修押金

通过收取了押金，物业管理人员如果发现在装修过程中出现损坏物业、破坏物业设施设备、给其他人造成生命、健康、财产方面的损失等情形时，可从这笔押金中支付。如果装修过程一切平安，没有出现上述情形，则可将收取的押金返还

装修管理费 ⇨ 在业主（用户）装修过程中，物业管理处要配合提供一些原始工程资料，对装修工人、装修材料、装修行为进行管理、监督，如纠正违章、进行电梯维护等，这些工作会有人力、物力开支，所以可按物业管理处规定酌情收取管理费

图3-4　收取费用

要点05：办理入场手续

为方便在装修期间的管理，并使各业主（用户）和装修人员都能在有秩序的状态下作业，管理处对所有业主（用户）、装修人员及临时人员实行发证制度。

业主（用户）和装修单位必须负责统一为所有参与装修工程的人员办理出入证，并交纳工本费。业主（用户）和装修单位凭使用者的身份证原件及照片办理，并由管理处核对身份证原件。办理入场手续主要包括以下两大部分，如图3-5所示。

管理处负责指引业主（用户）和装修单位办理以下证件：

（1）装修许可证：缴纳装修押金后，由物业管理处发给《装修许可证》

（2）装修出入证：统一由管理处制作，贴持有人照片并加盖物业管理处公章后生效；注明与装修施工期限相同的有效期

签订业主（用户）装修管理协议书和装修施工队协议书

图3-5　入场手续

看板展示

看板01：装修通告

物业管理处应当在装修区域张贴装修通告，说明装修的各种规定、要求等，提醒业主（用户）和装修人员注意。

看板02：装修施工出入证

购物广场

装修施工出入证

编号：________________

姓名：________ 施工地址：____________

身份证号码：________________________

有效期：____年___月___日至____年___月___日

装修施工单位在装修前必须办理装修施工出入证，未取得装修施工出入证不得实施装修作业。

问题解答

问题01：从事装修施工的单位应具备哪些条件

从事装修施工的单位应具备以下条件：

（1）有固定的办公地点和合法的营业执照，具有装修施工资质证明；无施工资格证书、无营业执照、无固定办公地点、无技术人员的装修队伍不得承接装修业务。

（2）有专门的技术人员，主要技术工人持有市级以上部门颁发的上岗证。

（3）技术负责人具有三年以上装修施工管理经验。

问题02：收取装修管理费有哪些注意事项

收取装修管理费的注意事项具体如下：

（1）应向业主（用户）解释清楚收取原因、项目等。

（2）装修管理费是实际发生的管理而收取的费用，如果物业管理处事实上没有参与对装修进行管理，或者业主（用户）没有装修，就不应该收取该费用。

第二节 装修监督与验收

要点分析

要点01：采取措施有效防止干扰

装修期间，对左右隔壁、上下楼层业主（用户）的工作和休息会产生影响。如果物业公司不采取有效措施，肯定会招致装修单元相邻业主（用户）的投诉和不满。为避免室内装修对邻居的干扰，应采取必要的管理方法，具体方法如图3-6所示。

装修前发通知给同一楼层及上下楼层业主（用户），让他们有思想准备和采取一些预防措施，并敬请谅解

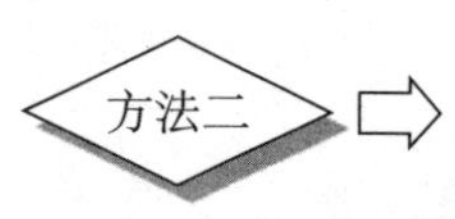

在业主（用户）提交装修申请时，提醒业主（用户）聘请信誉好、实力强、人员精的装修公司，并尽量缩短工期

对业主（用户）和装修公司进行必要的培训，解释装修程序和有关管理规定，避免他们因事先不知而产生各种影响他们工作或休息的装修工程

将《装修通告》贴在装修单元的大门上，提醒装修人员文明施工

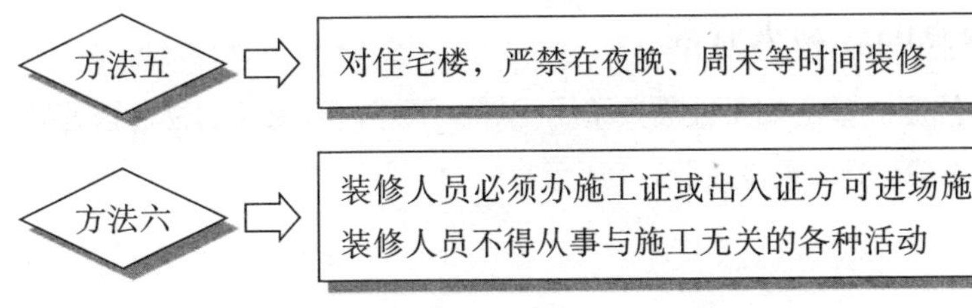

图3-6　防止干扰的方法

要点02：防火管理

装修防火管理要点如图3-7所示。

要点一 ⇨ 凡进入装修现场的施工单位，必须遵守一切防火安全管理制度

要点二 ⇨ 进入装修现场的施工单位，必须有完整的防火安全管理制度和具体的防火责任人，并签订《装修施工现场防火责任书》

要点三 ⇨ 不得遮挡、移动和损坏已安装的消防设施，如消防箱、喷淋、报警探头、警铃等

要点四 ⇨ 装修单位必须将白天工作时留下的废料、木屑、垃圾彻底清理干净，装袋运至指定地点

要点五 ⇨ 进场材料要堆放有序，不准堆积在公共区域，存放材料处不准放置易燃物

要点六 ⇨ 装修现场严禁吸烟

图3-7 装修防火管理要点

要点03：动火管理

装修施工单位如工程需要动用电焊、气焊，应提前到物业管理处理动火手续，具体要求如图3-8所示。

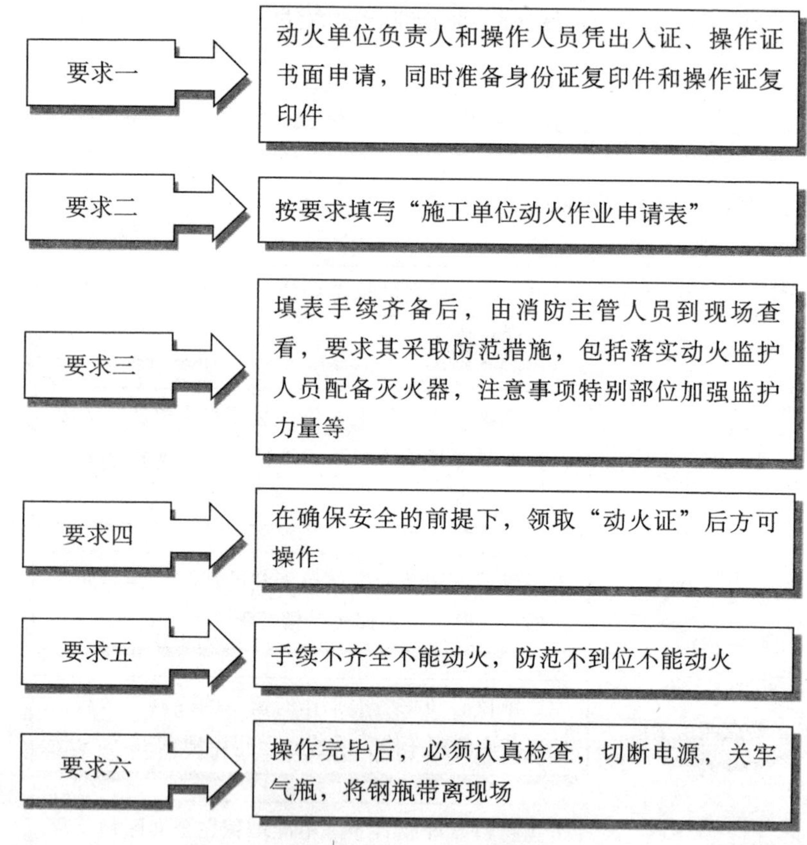

图3-8　动火管理要求

要点04：用电管理

用电管理要点如图3-9所示。

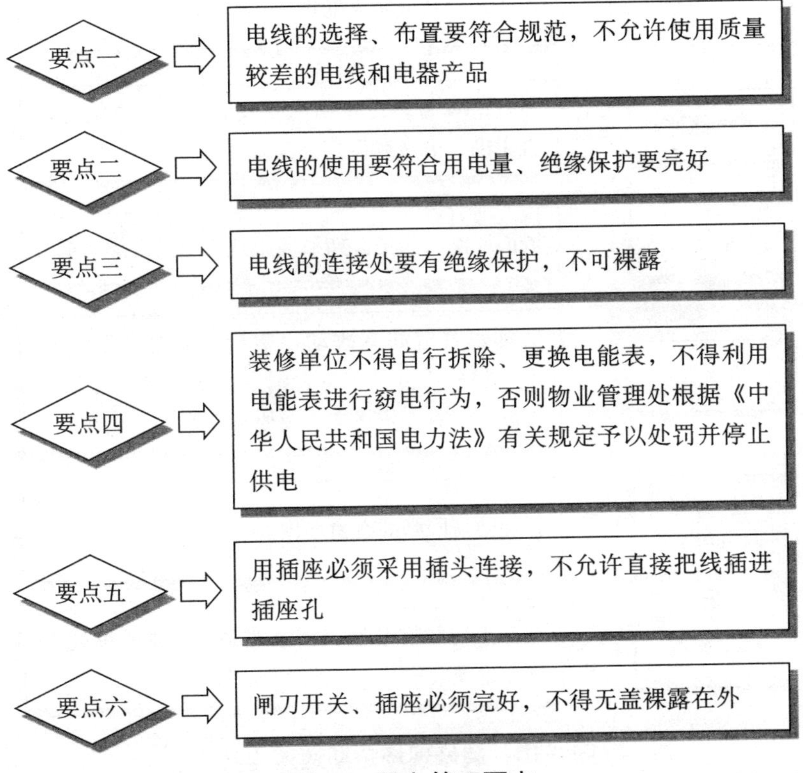

图3-9　用电管理要点

要点05：装修现场定期巡查

装修现场，要求业主（用户）将“室内装修批准书”和“室内装修通告”张贴于门上，便于物业管理人员检核和提醒装修人员安全施工；同时，物业管理人员须按规定对装修现场进行巡查，巡查内容如图3-10所示。

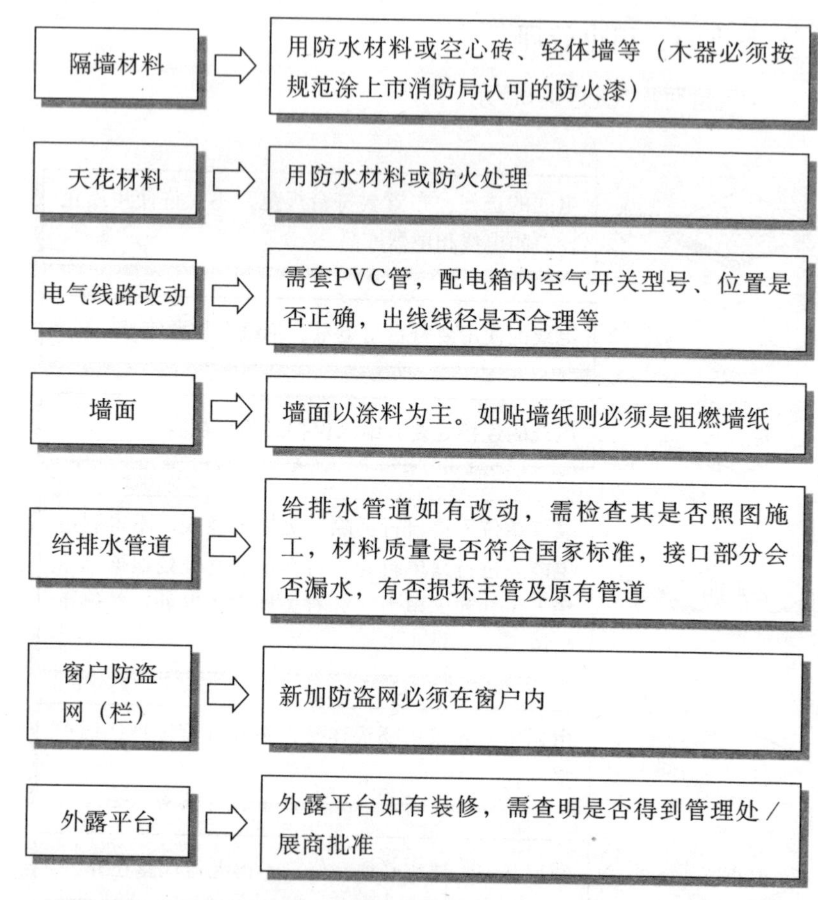

图3-10　装修现场定期巡查内容

要点06：装修违规处理

工程人员在巡查中发现任何违规情况，如擅自开工、乱拉电线、超负荷用电、随意拆改墙体等，必须尽快记录下来或拍照存档（如有需要），及时汇报上司后再做进一步行动。为了保证物业及业主（用户）

的人身财产安全，加强对业主（用户）室内装修的管理，对业主（用户）的违规装修视情节轻重可采取以下措施，具体如图3-11所示。

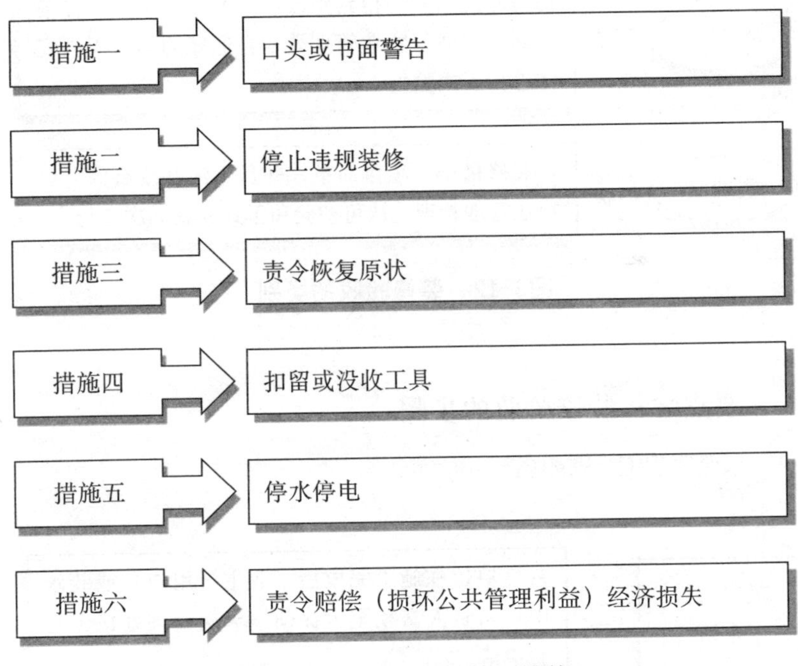

图3-11　装修违规处理措施

要点07：装修验收的类别

装修工程完工后，业主（用户）应书面通知物业管理处验收。工程部检查装修工程是否符合装修方案的要求、施工中有没有违反装修守则、费用有否缴足，等等。如无问题，即予验收通过，退还装修保证金。装修验收的类别如图3-12所示。

初验是指当装修单位所有装修工程施工完毕后，即可申请初验

初验时提出问题得到整改后，业主（用户）提前一周时间通知物业管理处，在通知的第二周内安排进行正式验收

若装修量小、项目简单，并且不涉及改造的，由物业管理管理处认可初验和正式验收一次进行

图3-12　装修验收的类别

要点08：装修验收的步骤

装修验收的步骤如图3-13所示。

提出初验申请	装修单位在施工完成后，业主（用户）或装修单位负责人必须至少提前一天向管理处提出初验申请
开展初验	管理处工程部负责在三日内组织验收人员对装修现场进行初验。工程部负责对验收结果记录在“装修验收表”。对于初验存在的问题，业主（用户）和装修单位须在两个星期内整改完毕
提出正式验收申请	业主（用户）和装修单位将初验中的问题整改完后，提前一周向物业管理处提出正式验收申请

正式验收 ⇨ 正式验收时，由工程部组织相关人员参加，针对初验中提出的问题进行逐项查验。对初验合格后，又有增加装修项目的，无违章装修时，仍需补办申请；有违章装修的，按管理规定中的装修违章处理条款执行，直至整改完毕后再进行正式验收

图3-13　装修验收的步骤

要点09：验收合格后的事务处理

验收合格后应处理好一些基本事务，具体事务如图3-14所示。

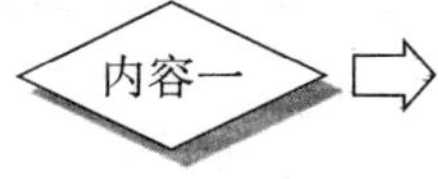

管理处负责收回各类装修人员的“装修出入证”，对遗失的证件扣除证件押金

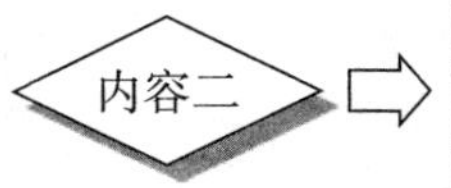

“装修验收表”的“正式验收情况”栏内登记验收情况。工程部在“装修申请表”内“完工验收”栏目签署“验收合格，签署姓名及日期”，并在其装修押金的收据上签署装修验收合格证明

装修单位在正式验收合格的当日进行清场

三个月内没有出现结构和安全问题，业主（用户）和装修单位凭已签署验收合格意见的收据，到管理处财务部办理装修施工单位的“装修押金”的退款手续

图3-14　验收合格后的事务

看板展示

看板01：二次装修作业

装修人员必须按照物业管理处的要求进行装修作业，不得出现乱拉电线、随意改变窗台等情况。

看板02：温馨提示

温馨提示

______住户您好！

我是金牛座602郭小姐，因窗户漏水，定于6月29日—7月5日对漏水处做防水，施工期间可能会给您的生活带来不便，请多多谅解，我们将会监督施工人员做好安全防范，并尽量不扰邻，同时请您在施工期间关好窗户，以防污渍弄脏您家里。

如有问题请与我联系，电话：××××××× 我们共同监督施工。

谢谢您的理解。

业主（用户）需要进行装修时，应当贴出温馨提示，向其他业主（用户）说明装修的情况。

看板03：动火作业

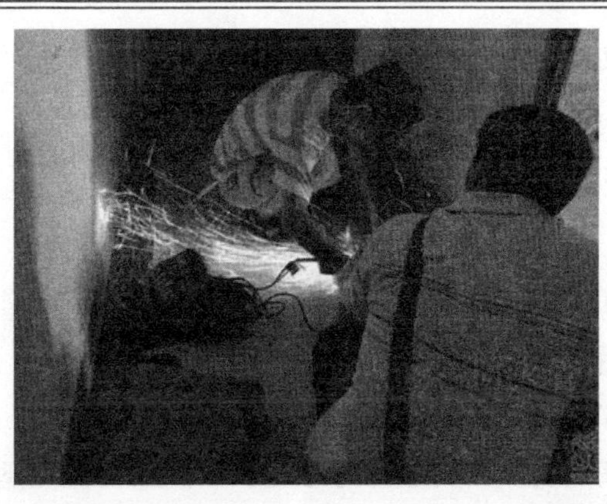

装修人员需要进行动火作业时，必须按要求填写“施工单位动火作业申请表”，同时按相关作业标准进行操作，不得留下安全隐患。

看板04：严禁吸烟

装修现场应严禁吸烟，防止造成安全隐患。

问题解答

问题01：用水管理有哪些要求

用水管理的要求具体如下：

（1）施工单位施工，装修如工程用水，应提前与物业管理处办理相关手续。

（2）用水单位负责人使用临时水前必须填写申请用水单，并且必须在指定地点取水。

（3）用水单位如需牵引水龙头，单独使用，需向物业管理处工程部申请，申请批准后，必须安装水表的，水表应由物业管理处送检。

（4）用水单位存放用水必须使用坚固容器，不得有渗漏现象。

（5）当用水完毕，余下的用水必须在指定地点排放，以避免产生水淹的情况发生。

（6）严禁动用消防用水，违者按《中华人民共和国消防法》规定罚款，并承担因此而造成的一切损失。

问题02：违规装修的形式一般有哪些

违规装修的形式具体如下：

（1）擅自开工。

（2）乱拉电线、超负荷用电。

（3）随意改变窗台、窗框、玻璃等的颜色、格调。

（4）随意拆改墙体。

（5）在承重墙、梁、柱上打孔、削薄、挖。

（6）私自增加线路负荷。

（7）随意改动上下水管、电线（开关盒）。

（8）私自开凿楼面层。

（9）擅自占用公共通道、天台、屋面。

（10）擅自在室外加装灯、

（11）擅自移动消防设施。

（12）使用消防违禁用品。

问题03：装修违规处理有哪些注意事项

装修违规处理的注意事项具体如下：

（1）对于重大的违规应向装修公司发出违章通知，并及时通知业主（用户），要求及时进行整改。

（2）违章通知单应当包括违规现状、处理措施、处理期限要求等内容。

（3）要将违规事项及处理情况都记录下来。

问题04：装修验收的要求有哪些

装修验收的要求具体如下：

（1）对业主（用户）从事装修时有违章行为，没得到整改或纠正前，不能进行验收。

（2）对初验中存在的问题必须得到彻底的整改，如在正式验收中发现仍不合格者，将不进行验收并处以相应的处罚。

（3）业主（用户）和装修单位申请正式验收后，管理处应收回“装修出入证”存档；对遗失的证件扣除“装修出入证”押金。

第四章 日常维修服务

物业管理处应当为业主（用户）提供日常维修服务，解决业主（用户）的困难。物业管理处应就维修服务作出承诺，即对维修时限、服务要求、收费标准及回访时间等作出规定，并予以公示，以确保维修服务质量。

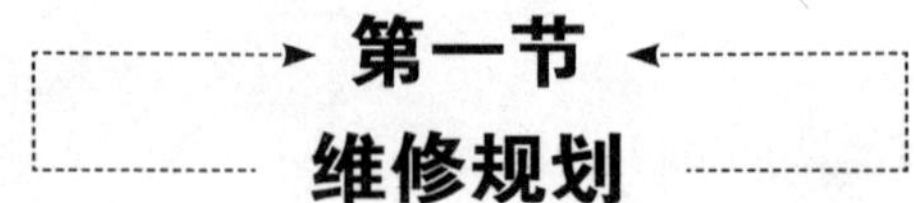

第一节 维修规划

要点分析

要点01：上门维修基本时限

物业管理处应当规定上门维修时限，以便工程部维修人员能够按照时限要求提供维修服务。上门维修基本时限的要求如图4-1所示。

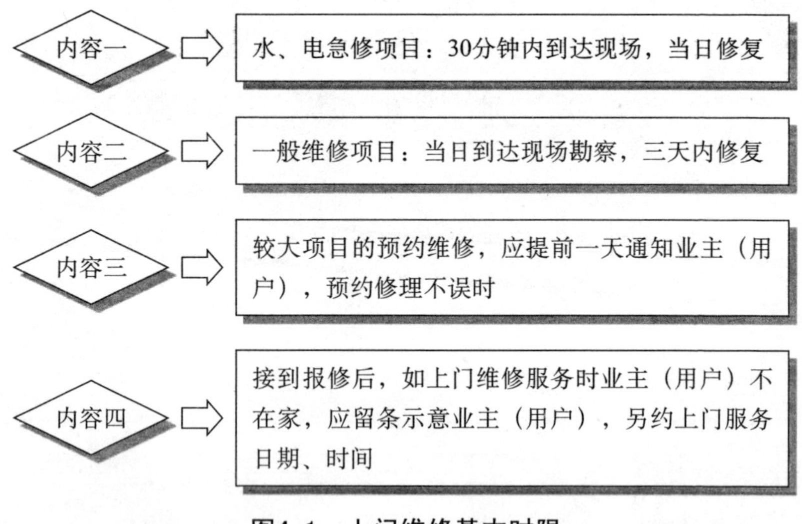

图4-1　上门维修基本时限

要点02：维修服务质量标准

物业管理处应当提前制定维修服务质量标准，作为维修人员开展维修工作的参考依据。维修服务质量标准如图4-2所示。

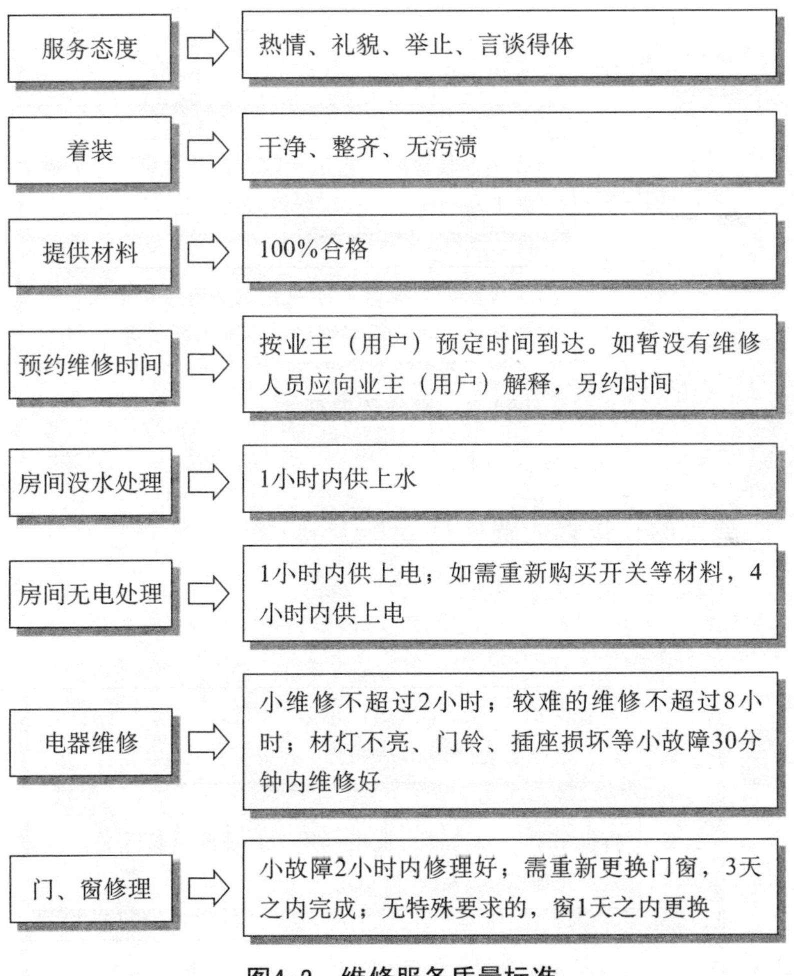

图4-2　维修服务质量标准

要点03：维修收费要求

物业管理处提供的维修一般都需要收费，物业管理处应当制定收费标准，并予以公示。维修收费要求如图4-3所示。

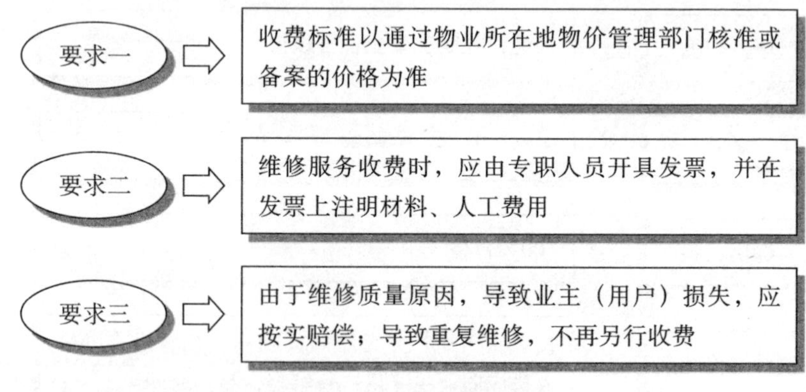

图4-3 维修收费要求

要点04：维修收费项目

维修收费项目如图4-4所示。

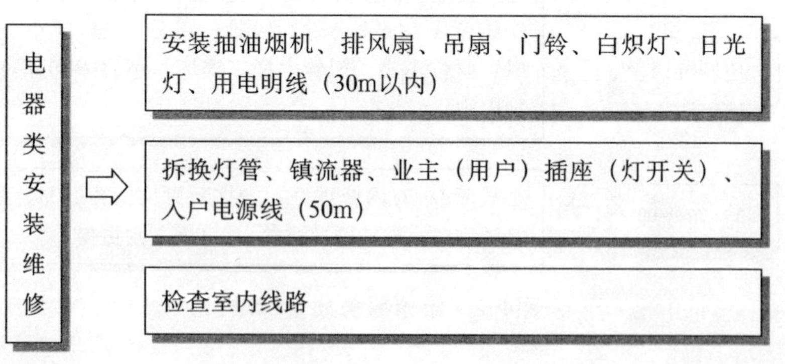

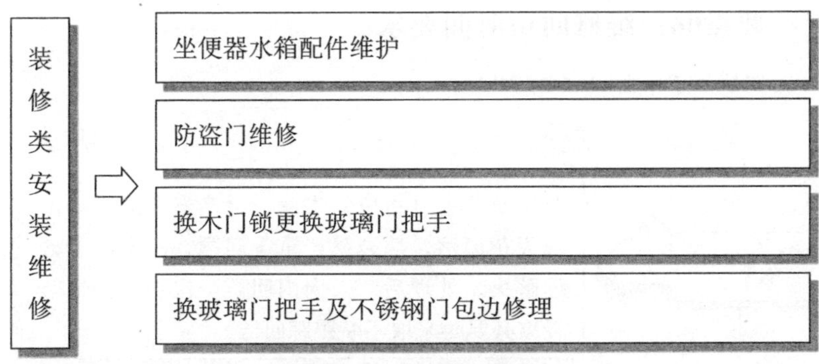

图4-4 维修收费项目

要点05：维修回访的内容

维修回访是指为了确认和考核维修质量及维修人员的工作态度，维修工作完成后，对业主（用户）进行的拜访工作，维修回访的内容如图4-5所示。

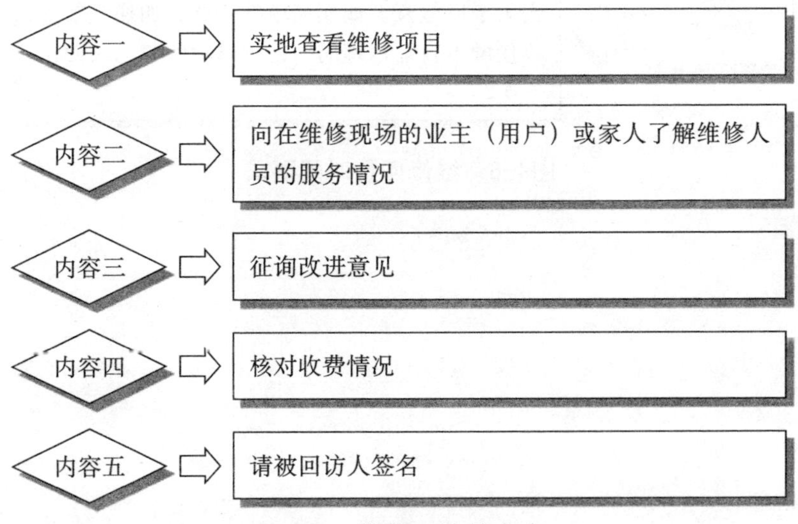

图4-5 维修回访的内容

要点06：维修回访时间要求

维修回访时间要求如图4-6所示。

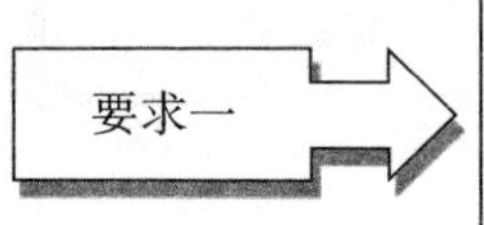

对危及业主（用户）生命、财产安全的，如出现天花掉落，墙裂缝严重等问题，马上给予处理解决。处理后，一周内回访一次；并视情节轻重必要时采取不断跟踪回访

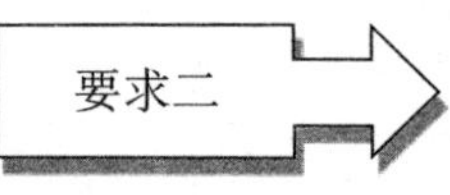

房内墙角、天花出现渗水现象，在接到通知后，马上到现场查明原因，在两日内给予判断、处理、解决，维修后第二天回访一次

洗菜盆、洗脸盆、坐便器或其他管道堵塞或漏水的，当日予以解决，次日回访

电视机、电冰箱、电烤箱等家电出现问题的，当天予以检查。如属简单维修的，如插头断了或接触不良需修理的，在维修后的第二天回访一次

图4-6　维修回访时间要求

看板展示

看板01：维修部门标示

物业管理处应当在维修人员所在的部门上用标志牌进行标示，方便对维修人员进行联络和安排维修任务。

看板02：标准着装

物业管理处的维修人员必须进行标准着装，且着装要干净、整洁，为业主（用户）留下良好的印象。

看板03：维修服务无尘化

维修服务无尘化是指维修人员在维修工作中尽量避免产生灰尘。物业管理处应当积极实施维修服务无尘化，以为业主（用户）提供更优质的维修服务。

问题解答

问题01：维修服务有哪些要求

维修服务的要求具体如下：

（1）维修及时率应达到95%以上。

（2）维修质量合格率应达到90%以上。

（3）被服务业主（用户）满意率90%以上。

（4）维修服务回访率100%。

问题02：维修服务有哪些注意事项

维修服务的注意事项具体如下：

（1）除市政停水或供水系统进行较大维修、水池定期清洗外，定期保养要提前1天通知。

（2）临时停水要出停水告示（市网停电，对供电系统进行维修养护除外）；定期保养要提前1天通知。

（3）临时停电要出停电通知不仅达到原标准，还要符合安全要求达到原标准。

（4）尽量提供无尘化服务。

问题03：维修回访有哪些注意事项

维修回访的注意事项具体如下：

（1）小事、急事当时或当天解决，如果同时有若干急事，应如实向对方通报，协商检查解决时间。

（2）一般事情，当天告知，三天内解决。

（3）重大事情，三天内告知，7～15天内解决。

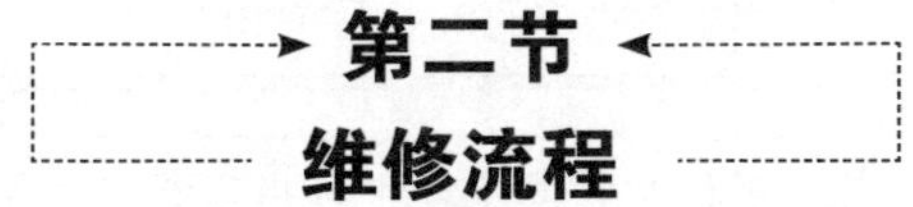

要点分析

要点01：接待报修

接待报修是提供维修服务的第一个环节。接待维修的要求如图4－7所示。

业主（用户）前来申报维修服务项目时，接待人员应起立、微笑，主动招呼："您好，请问我能为您做些什么？"并协助填写"客户请修登记表"

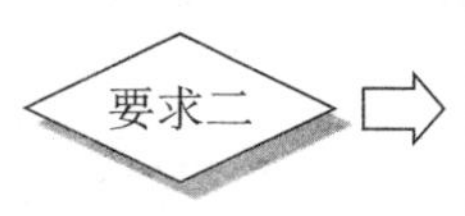

业主（用户）电话申报维修服务项目时，当电话铃声响三次前应立即接听电话，并作礼仪应答："您好，××物业，请讲。"接待人员边接听电话，应边作记录，接听电话将结束时，应待业主（用户）先说"再见"后，方可应答"再见"

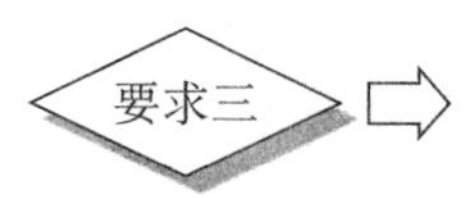

根据电话记录，接待人员按报修人姓名、住址、通信、申报维修服务内容、预约上门日期、时间等逐项填写在"客户请修登记表"上

图4-7　接待维修的要求

要点02：派工下单

派工下单的步骤如图4-8所示。

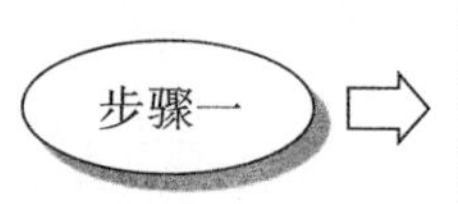

接待人员在"客户请修流程单"填写客户相关请修信息，并在短时间内将之转交给工程主管或工程主管指定的负责人（如班长）

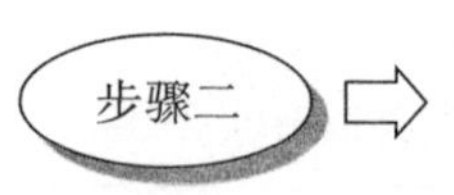

工程主管或工程主管指定的负责人填写"维修（服务）任务单"或"客户请修流程单"，根据请修内容写明派工时间、维修时间和维修人员等

工程主管或工程主管指定的负责人安排具体维修人员

图4-8　派工下单的步骤

要点03：接单准备

接单准备的内容如图4-9所示。

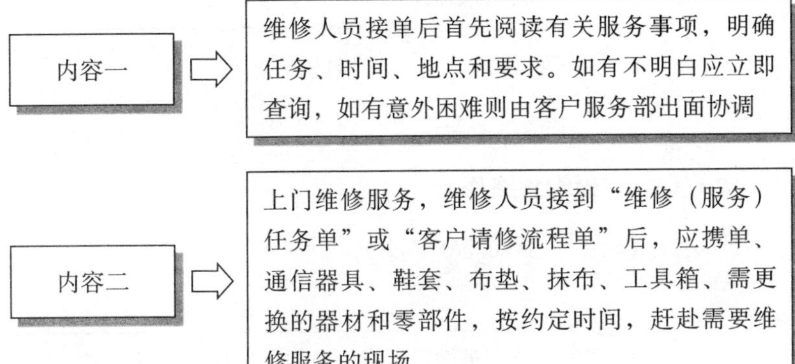

图4-9　接单准备的内容

要点04：上门维修

维修人员应按时上门进行维修，上门维修的步骤如图4-10所示。

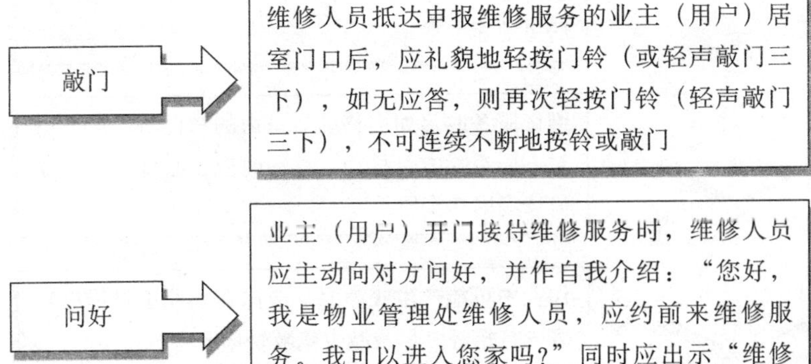

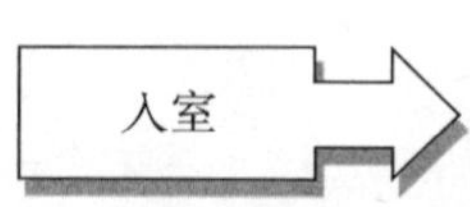

如进入公寓、住室等十分整洁的房间，应将鞋子脱在外面，自觉穿上随身携带的鞋套，经其许可后进门服务。在特殊情况下，如对方家里没有铺地板，经其许可，进门可不必套鞋套

图4-10　上门维修的步骤

要点05：开展维修作业

开展维修作业的步骤如图4-11所示。

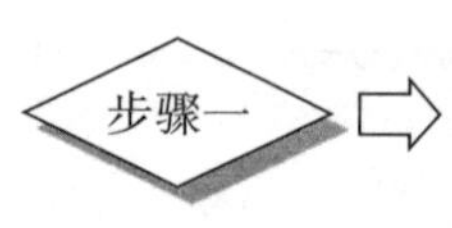

维修人员勘察维修服务项目现场后，将检测、判断、维修服务方案告知业主（用户），与其共同确认需要维修服务的项目，按有关收费标准报价，经对方确认后，方可实施维修服务

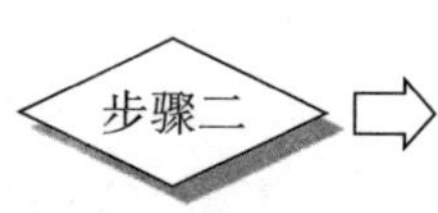

维修服务前，应在作业点先铺放一块作业布垫，以免作业时产生的污物弄脏室内地面或其他物品；再铺放另一块作业布垫，用于摆放维修服务工具及拆卸下来的零件，以免损坏业主（用户）居室地面

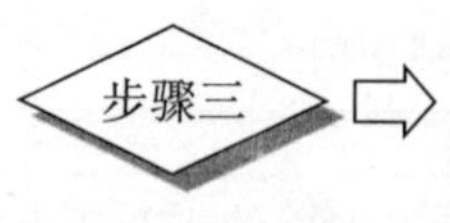

维修服务时，如需移动居室内的物件时，应征得对方同意后方可移动，移动时应小心谨慎，作业完毕应回移至原处

作业中可能产生噪声时，应向在场业主（用户）事先打招呼，尽量减少或减轻作业噪声

图4-11　开展维修作业的步骤

要点06：作业完毕

作业完毕后，维修人员也要按步骤结束工作，具体步骤如图4-12所示。

作业完毕，维修人员应主动及时清理、清扫作业现场；将维修工具整齐地放入工具箱内；用自备抹布做现场清洁工作；将作业时产生的污物及杂物用绿色布垫包妥带离现场

维修服务完毕，维修人员对已恢复功能的维修服务项目做示范操作，并请业主（用户）评估维修服务效果，如还提出不满意事项，则应及时整改，直到其满意为止

维修服务项目取得业主（用户）满意认可后，维修人员应礼貌地请其在“维修（服务）任务单”或“客户请修流程单”上签字

向对方告辞，走出房间，步子要轻，工具袋背在肩上，如拎在手中应离开地面一定距离。至门口，应顺身面对房间业主（用户）说：“今后有问题，请随时联系。再见！”

图4-12　作业完毕后的工作

要点07：维修服务过程的检验规则

维修服务过程的检验规则主要包括服务及时性的检验和服务质量的检验两项内容，具体如图4-13所示。

1 服务及时性的检验

根据维修预定时间，准时到达目的地，派工组织维修视工艺复杂程度而定：一般性维修不超过8小时；对于特别困难的，要求从接到报修至完成最多不超过72小时（工艺要求特殊的例外）；不能当天完成的，应解释原因

2 服务质量的检验

按维修服务标准进行检验。功能性维修，以恢复原有功能为准；外观性维修。表面应无色差、高低不平现象，与原有部位相比较，应无突兀感；满足其合理要求；严格按工作手册执行

图4-13 维修服务过程的检验规则的内容

要点08：维修服务过程的检验方法

维修服务过程的检验方法具体如图4-14所示。

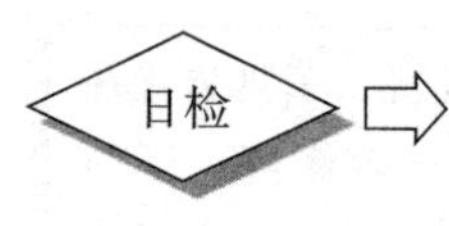

发现维修质量问题及时通知维修人员维修，对每日的“派工单”要及时收回，以检验服务的及时性和报修人对维修服务过程是否满意

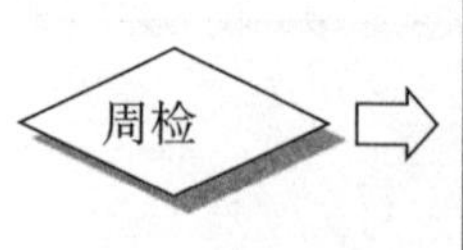

依据《维修服务标准》，对物业公共部位设施、设备（机电设备除外）情况进行周巡视检查。有问题及时通知到维修班，填写“不合格服务处理表”，并督促解决

对管理处维修服务进行检查

图4-14 维修服务过程的检验方法

看板展示

看板01：维修备用材料

工程人员应当维修工作准备好维修备用材料，并将其集中放置在专门的区域，方便查找。

看板02：室内维修作业

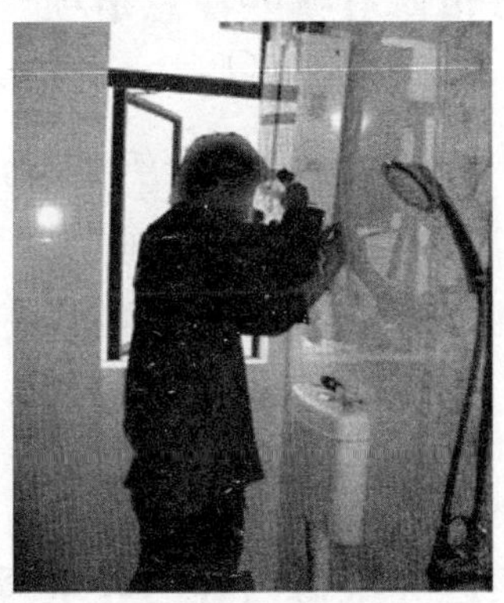

维修人员应当按照规定开展维修作业，维修时要注意动作规范，避免损伤其他物品。

要点03：维修管道

维修人员维修管道时要注意先关掉水龙头，避免边维修、边渗漏，维修结束后，才应打开水龙头，测试维修效果。

问题解答

问题01：接待报修有哪些注意事项

接待报修的注意事项具体如下：

（1）在记录时，应主动询问以上全部所需内容。

（2）即使有些申报人因情况紧急而耐心不足，也该尽量在最短的时间内问询到这些资料，避免因遗漏任何项目而给后面的维修工作造成不便。

问题02：如何区分维修内容的轻重缓急

区分维修内容的轻重缓急的具体要点如下：

（1）有些虽然可以不需马上处理而另约时间，但若对方强烈要求马上处理，则要尊重其意愿，立即与维修部门联系处理，尽量满足其要求。

（2）有的需立即处理，如水管爆裂、夜晚开关熔丝烧断等，给其生活带来很大不便甚至损害，则应立即与维修部门联系处理。

（3）在紧急情况下，申报人可能表达不清，这时，接待人员要用语言如“别着急！”“别担心，我们会马上为您处理的！”等安慰申报人尽量使之平静下来。

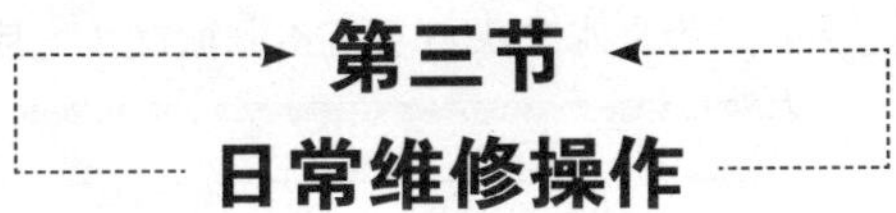

第三节 日常维修操作

要点分析

要点01：换锁（木门、铁门）

业主（用户）的锁坏了之后，需要更换，维修人员应为其做好更换工作。换锁（木门、铁门）的步骤如图4-15所示。

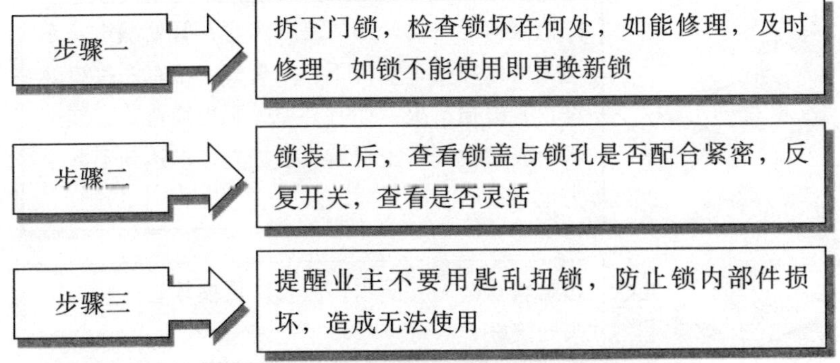

图4-15 换锁（木门、铁门）的步骤

要点02：水龙头漏水处理

水龙头漏水的处理步骤如图4-16所示。

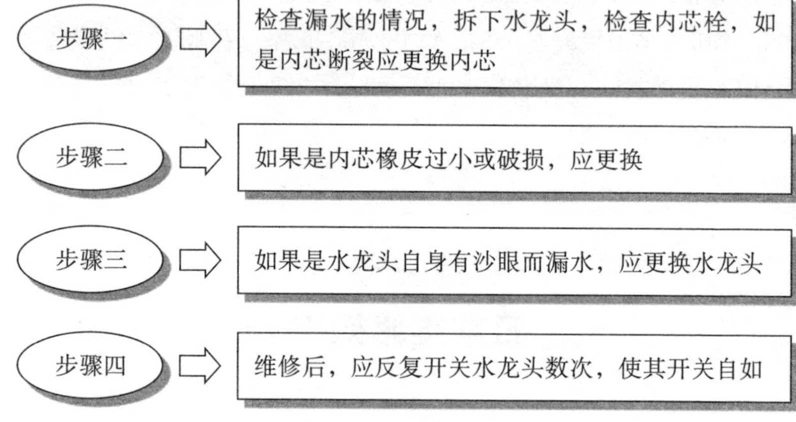

图4-16 水龙头漏水的处理步骤

要点03：洗脸（菜）盆漏水处理

洗脸（菜）盆漏水的处理步骤如图4-17所示。

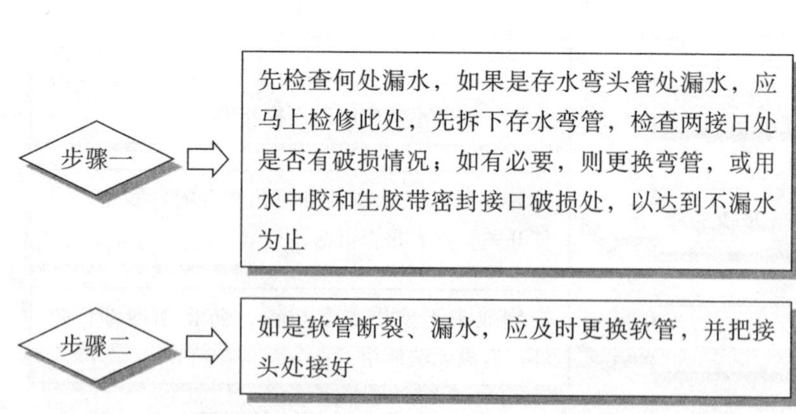

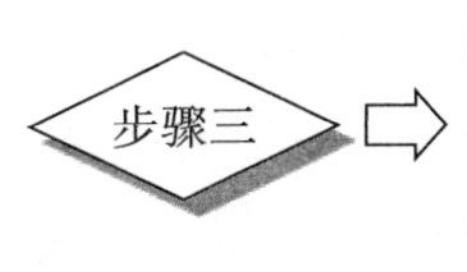

如是水龙头（水咀）或接头漏水，检查水龙头（水咀）或接头处是否有破裂损坏情况，如有破裂损坏情况，应及时换上新水龙头（水咀）或接头，并用生胶带密封此处

如是台式盆四周漏水，应用白水泥把盆四周密封一圈到不漏为止

在维修完毕后，放水试漏，以达到不再漏水的目的。在水泥凝固以后（约需4小时），再在周围泡水检验

图4-17　洗脸（菜）盆漏水的处理步骤

要点04：洗脸（菜）盆堵塞处理

洗脸（菜）盆堵塞的处理步骤如图4-18所示。

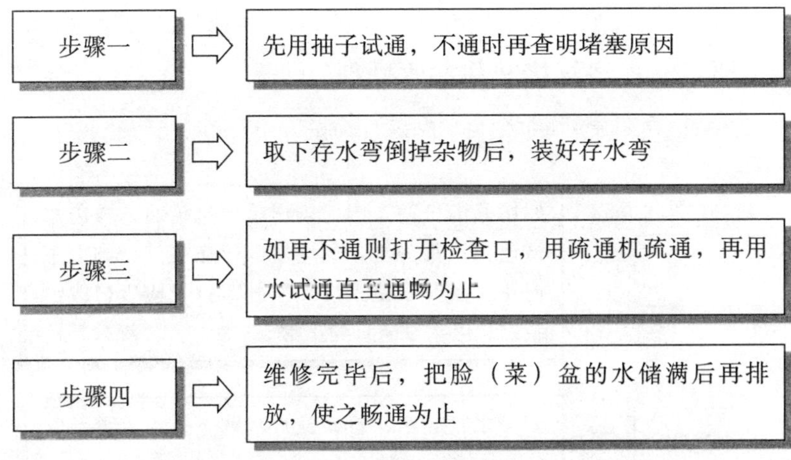

图4-18　洗脸（菜）盆堵塞的处理步骤

要点05：马桶堵塞处理

马桶堵塞的处理步骤如图4-19所示。

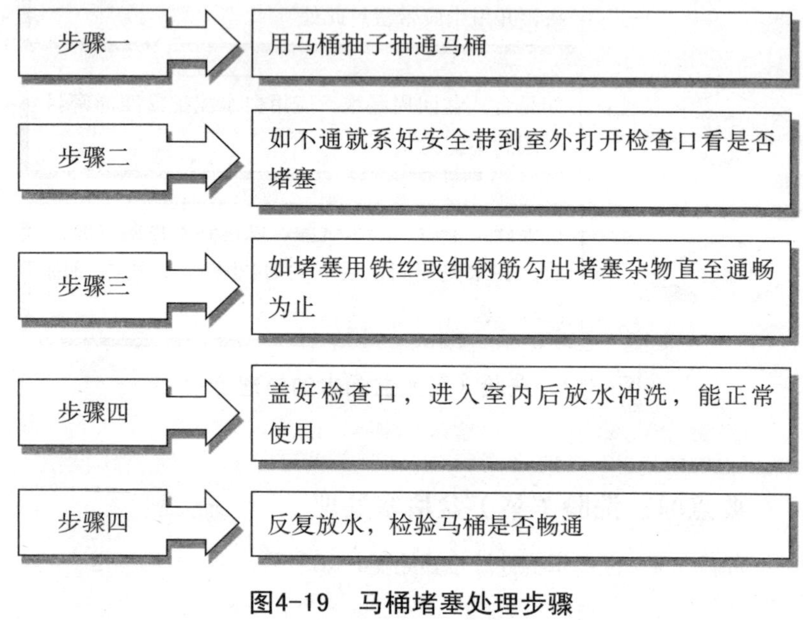

图4-19　马桶堵塞处理步骤

要点06：浴缸堵塞和漏水处理

浴缸堵塞和漏水处理措施如图4-20所示。

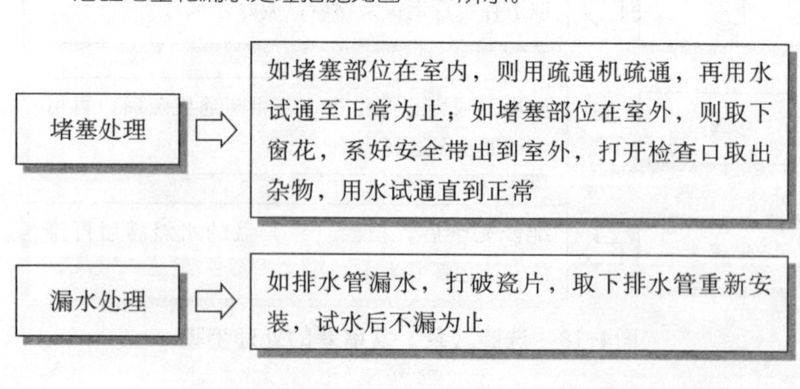

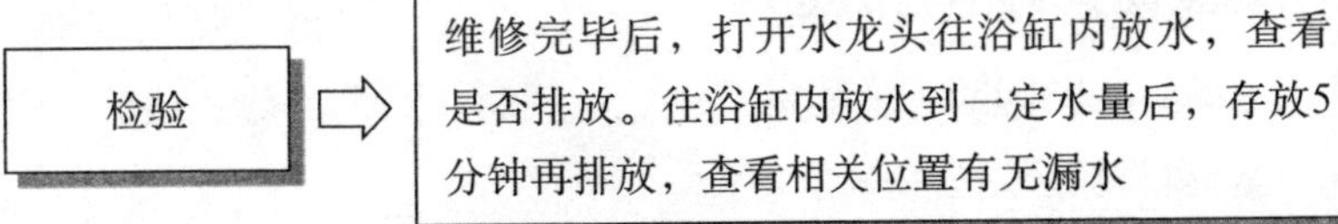

检验 ⇨ 维修完毕后，打开水龙头往浴缸内放水，查看是否排放。往浴缸内放水到一定水量后，存放5分钟再排放，查看相关位置有无漏水

图4-20　浴缸堵塞和漏水处理措施

要点07：住房门铃不响处理

业主（用户）门铃不响的原因通常包括电池使用时间过长，电力不足等原因，其相应处理措施如图4-21所示。

原因	处理措施
电池使用时间过长，电力不足	换上新电池
因电源极板受空气侵蚀生锈，或被电池中渗漏出的电解液腐蚀，而使门铃断电，铃不响	取下门铃盒，用砂纸将电源极板两侧的腐蚀物去掉，调整电源极板，使其与电池接触良好
线路问题造成铃不响	用万用表检查门铃开关到门铃的线路是否出现断路或是门铃本身线路有故障，需修理或更换，排除故障后，方可恢复门铃的正常使用
门铃开关接触不良	修理或更换门铃开关

图4-21　业主（用户）门铃不响处理的措施

要点08：灯不亮的处理

灯不亮的原因很多，包括灯内灯丝烧断、灯泡与灯头接触不良等，具体处理措施如图4-22所示。

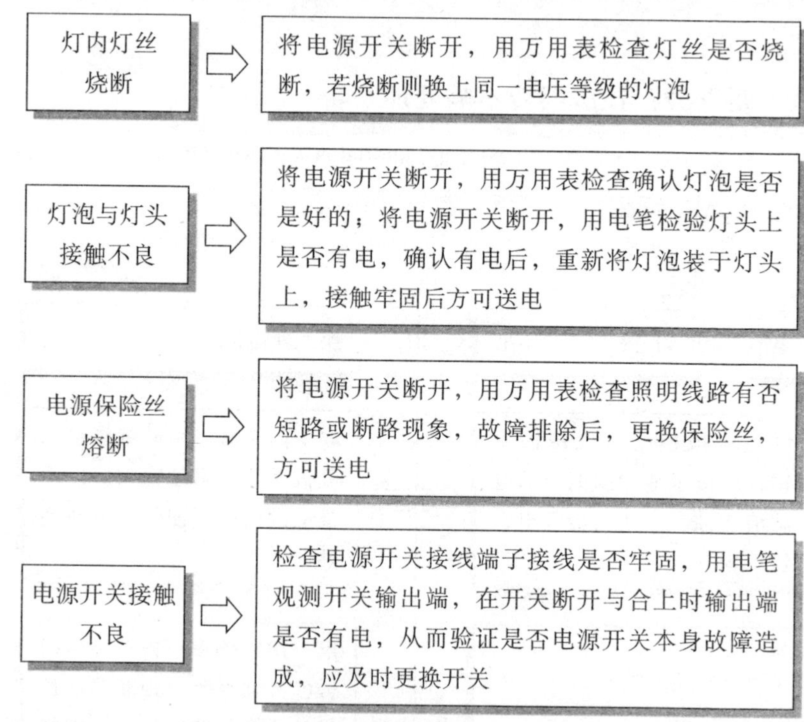

图4-22　灯不亮的处理措施

看板展示

看板01：换锁

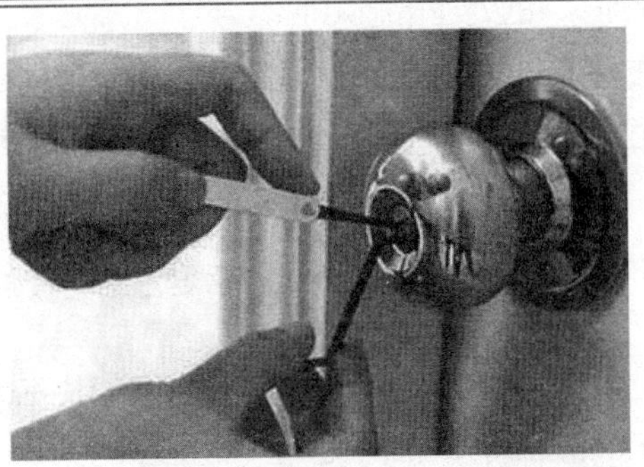

换锁是很常见的一种维修项目，维修人员在完成换锁后，要交代相关注意事项，同时要及时将新钥匙交给业主。

看板02：水龙头漏水

水龙头漏水是一种常见问题，维修人员应当按维修步骤做好维修工作，及时解决漏水问题。

问题解答

问题01：楼上水漏到楼下如何处理

楼上水漏到楼下的处理措施如下：

（1）检查楼上何处漏水下来，如是浴缸下水管堵塞而漏水，应及时疏通；如是马桶漏水，应及时检修楼上马桶，其他地方漏水，都应及时处理。

（2）维修完毕后48小时跟踪查看，看是否还有其他地方漏水。

问题02：马桶漏水如何处理

马桶漏水的处理措施如下：

（1）先检查漏水情况：如是出水口漏水，应先把水箱水放掉，后取下水箱，拆下螺丝，取出马桶，查看连接件及胶泥圈是否完好，如有损坏应立即更换。

（2）装上马桶，装好水箱，上好螺丝，用白水泥密封马桶的四周（3小时后可以使用）。

（3）维修完毕后，放水看是否漏水。

第五章 健身与游乐设施管理

健身设施是指单杠、双杠、爬梯等用于健身的设施设备，如单杠、双杠等，它是现代小区的重要组成部分。游乐设施是指为小区儿童提供游乐服务的设施设备，如滑梯、旋转木马等。物业管理处应当做好对健身与游乐设施的管理，为小区业主（用户）提供更佳的服务。

第一节 健身设施管理

要点分析

要点01：健身设施管理分类

健身设施一般分为两类，即开发商建设和后期申请。作为物业来说，不管这些健身设施是开发商建造的，还是以后申请的，既然是属于小区内部设施，物业管理处都应该尽到相应的责任，确保这些设施的正常使用。健身设施管理的分类主要包括图5-1所示。

开发商建设 ⇨	开发商建设是指原来开发商就建设好的配套设施，设施的所有权属于全体业主（用户）。这些设施在保质期内，由设施制造厂家来进行维修保养，过了保质期后，一般是由物业来接手后续的维修保养工作
后期申请 ⇨	后期申请是指原本小区没有这些健身设施，后来由物业申请，由政府或者社区出钱建造。这种情况一般由物业进行管理

图5-1 健身设施管理的分类

要点02：健身设施申请与审批

物业管理处应当积极向当地体育局申请健身设施，以便为业主（用户）提供更好的服务。健身设施申请与审批步骤如图5-2所示。

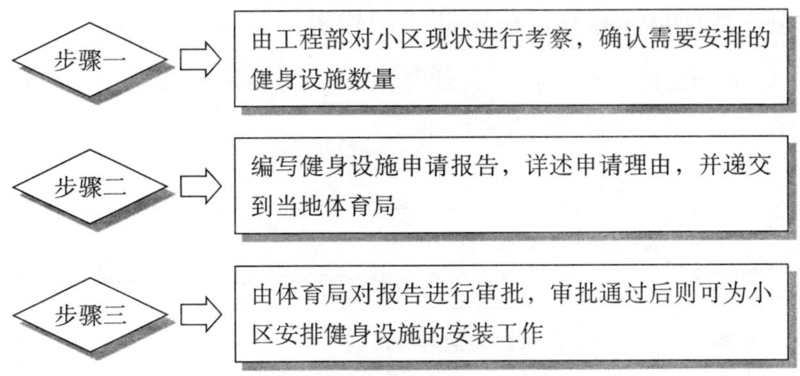

图5-2　健身设施申请与审批步骤

要点03：健身设施日常检查

物业工程人员要经常对健身设施进行检查，维持健身设施的正常使用。检查要点如图5-3所示。

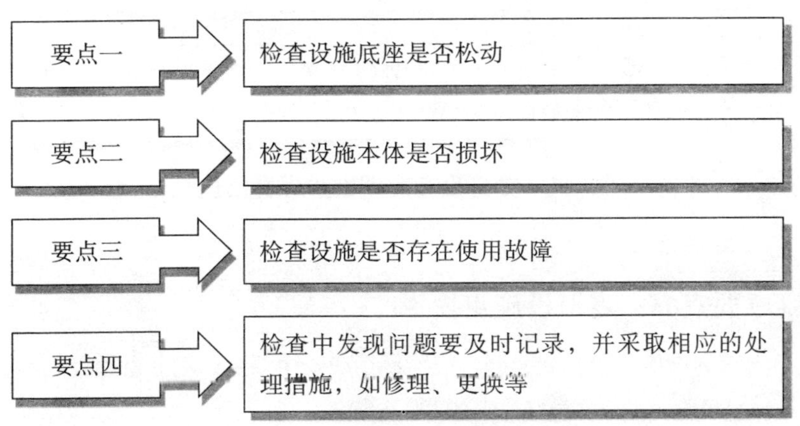

图5-3　健身设施检查要点

要点04：健身设施定期维护保养

物业工程人员应当定期对健身设施进行维护保养，以维持设施的性能。具体维护保养措施如图5-4所示。

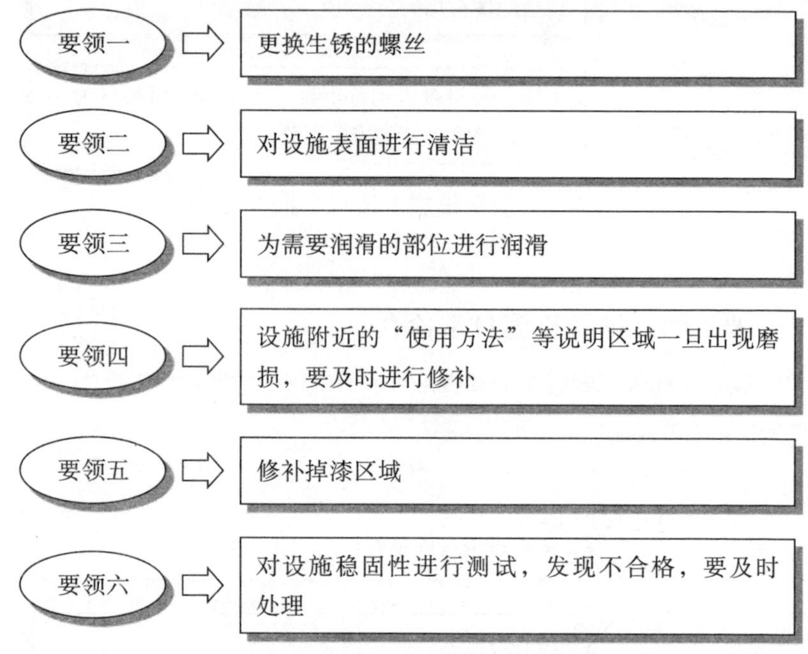

图5-4　健身设施定期维护保养措施

要点05：老旧设施更换

健身设施一旦出现老旧，很容易造成安全隐患，物业管理处应当及时进行更换，具体更换步骤如图5-5所示。

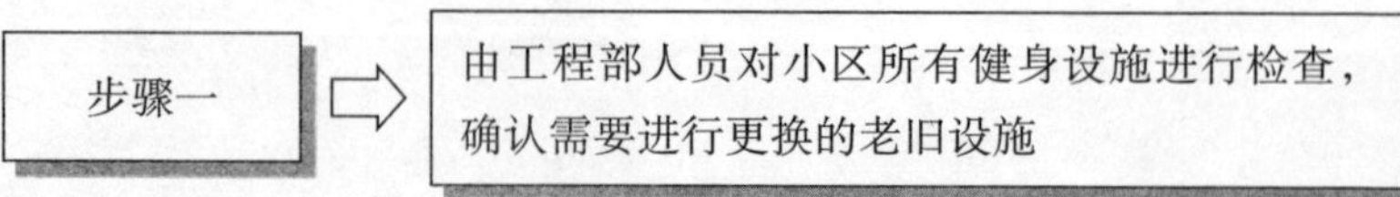

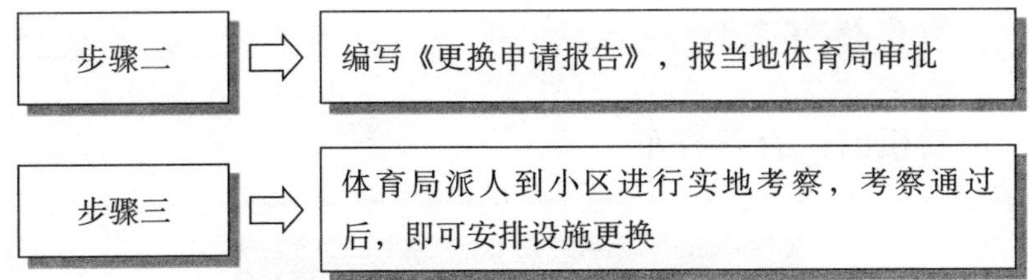

图5-5　老旧设施更换步骤

要点06：制定健身设施使用规定

物业管理处应当制定《健身设施使用规定》，以便对健身设施进行规范化管理。健身设施使用规定如图5-6所示。

内容一 ⇨ 使用过程中应当爱护健身设施

内容二 ⇨ 在使用器材前仔细检查器材安全情况，确定无安全隐患再进行练习

内容三 ⇨ 在使用之前请检查器材各部分连接是否牢固，确认无松动后方可使用

内容四 ⇨ 在使用过程中其他人应保持安全距离，互相之间不得过于接近

内容五 ⇨ 严禁擅自挪动、拆卸和松动器械部件

内容六 ⇨ 不遵守规定所产生的伤害由使用者本人承担

图5-6　健身设施使用规定

看板展示

看板01：合理排布

健身设施应当合理排布，保持必要的距离。

看板02：健身设施使用须知

物业管理处应当在健身设施上张贴使用须知，使顾客了解如何使用健身设施，使用须知可以以使用简介等形式展现出来。

看板03：特别提示

对需要特别提示的事项，物业管理处也要公布出来，使使用者完全了解。

看板04：爱护健身设施

物业管理处应当在显眼处张贴“爱护器材、文明健身”等标志牌，提醒使用者注意爱护健身设施。

看板05：健身场所提示

有些业主（用户）会在健身设施上面晾晒衣物，这是一种违规的做法。物业管理处应当在健身场所设置提示标志牌，提醒业主（用户）不要在该处晾晒衣物。

问题解答

问题01：使用健身设施有哪些注意事项

使用健身设施的注意事项如下：

（1）使用每一种设施之前，请先阅读《使用说明》和《安全注意事项》。

（2）使用健身设施应根据个人体力情况掌握时间、速度。

（3）使用中如出现心慌、头晕、气喘、恶心欲吐等症状时应立即停止，就地休息，必要时应立即就医。

问题02：使用健身设施有哪些禁忌

使用健身设施的具体禁忌如下：

（1）有严重高血压、冠心病、肺心病、哮喘及眩晕症等疾病患者应禁用或慎用健身设施，以防不测。

（2）老年人或体弱者、儿童不宜单独一人使用，应有家人陪护或他人在场，以防发生意外。

（3）严禁在设施周围打闹。

（4）严禁损坏设施。

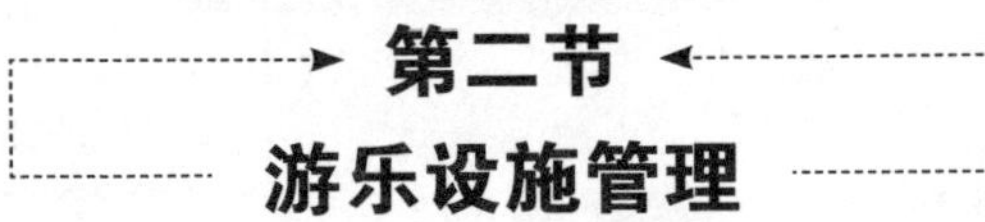

第二节 游乐设施管理

要点分析

要点01：游乐设施日常检查

物业工程人员要经常对游乐设施进行检查，维持游乐设施的正常使用，其具体的检查要点如图5-7所示。

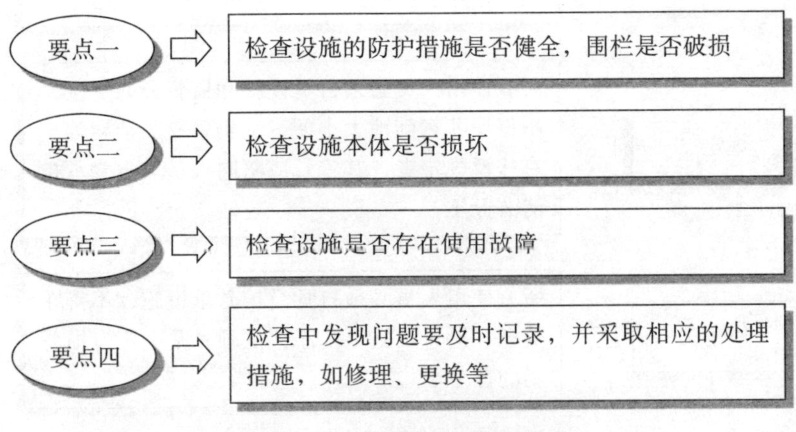

图5-7 游乐设施的检查要点

要点02：游乐设施定期维护保养

物业工程人员应当定期对游乐设施进行维护保养，以维持设施的性能，具体的维护保养措施如图5-8所示。

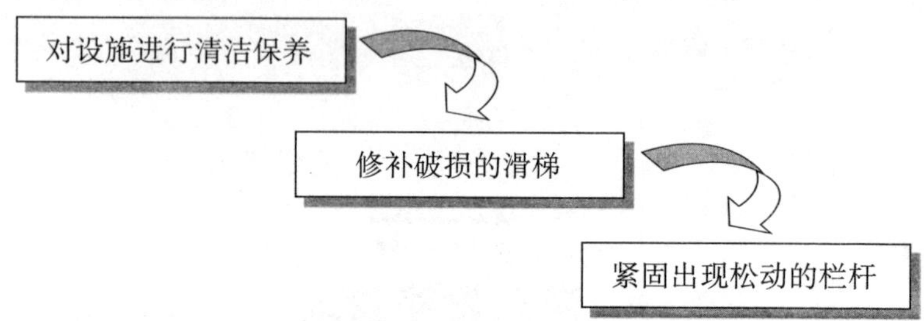

图5-8　游乐设施定期维护保养措施

要点03：制定游乐设施使用规定

物业管理处应当制定游乐设施使用规定，以便对游乐设施进行规范化管理。游乐设施使用规定如图5-9所示。

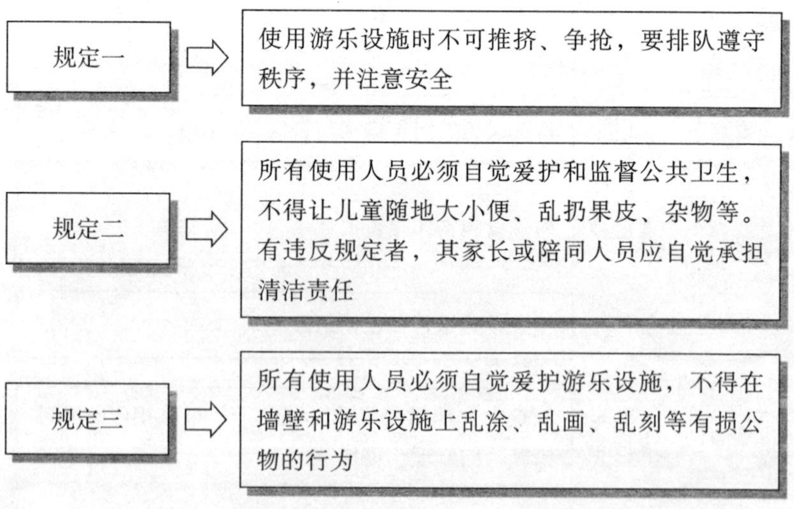

图5-9　游乐设施使用规定

看板展示

看板01：安全防护

儿童使用游乐设施时，必须有家长在旁陪同，严禁单独使用游乐设施。

看板02：设置围栏

物业管理处应当为游乐设施设置围栏，防止儿童掉落。

看板03：滑梯

滑梯是非常常见的游乐设施，也是儿童最喜欢的游乐设施之一。物业管理处应当做好对滑梯的管理，及时修补滑梯表面的破损处，防止对儿童造成伤害。

问题解答

问题01：使用游乐设施有哪些注意事项

使用游乐设施的注意事项具体如下：

（1）正确使用游乐设施，家长应对儿童进行指导。

（2）如遇设施故障、损坏或器材湿、滑时请勿使用，请联系物业管理处。

（3）身体不适者，不宜使用游乐设施。

问题02：使用游乐设施有哪些禁忌

使用游乐设施的禁忌具体如下：

（1）儿童使用游乐设施，必须有家长在旁陪同，严禁单独使用游乐设施。

（2）儿童在玩滑梯中，禁止沿滑梯扶手边缘滑下，禁止逆上滑梯、跨越安全护栏或吊在护栏外等危险动作。

第六章
供配电系统管理

小区的正常运转离不开供配电系统的正常运行，因此，物业管理处的设备维护人员要做好对供配电系统的管理，确保其始终处于正常工作状态中。

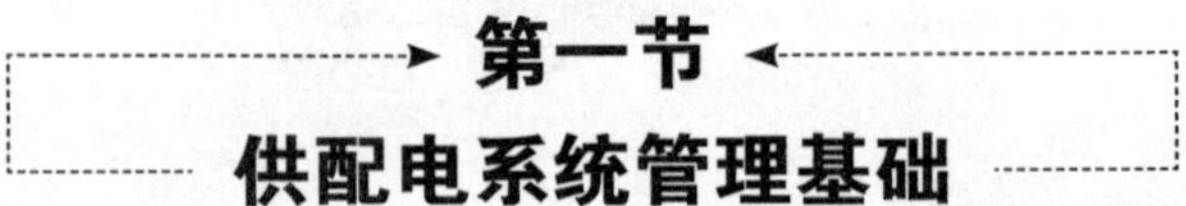

第一节 供配电系统管理基础

要点分析

要点01：供配电系统的构成

物业小区供配电系统是指从高压电网引入电源，到各业主（用户）的所有电气设备、配电线路的组合。供配电系统的构成如图6-1所示。

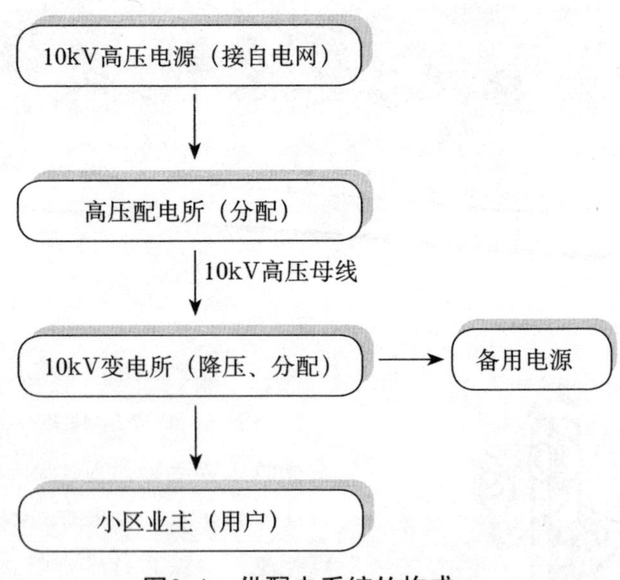

图6-1　供配电系统的构成

要点02：维护好系统标志

供配电系统存在各种标志，物业工程部维修人员要维护好系统标志，使其保持完整、清晰、易于辨认。维护好系统标志的措施如图6-2所示。

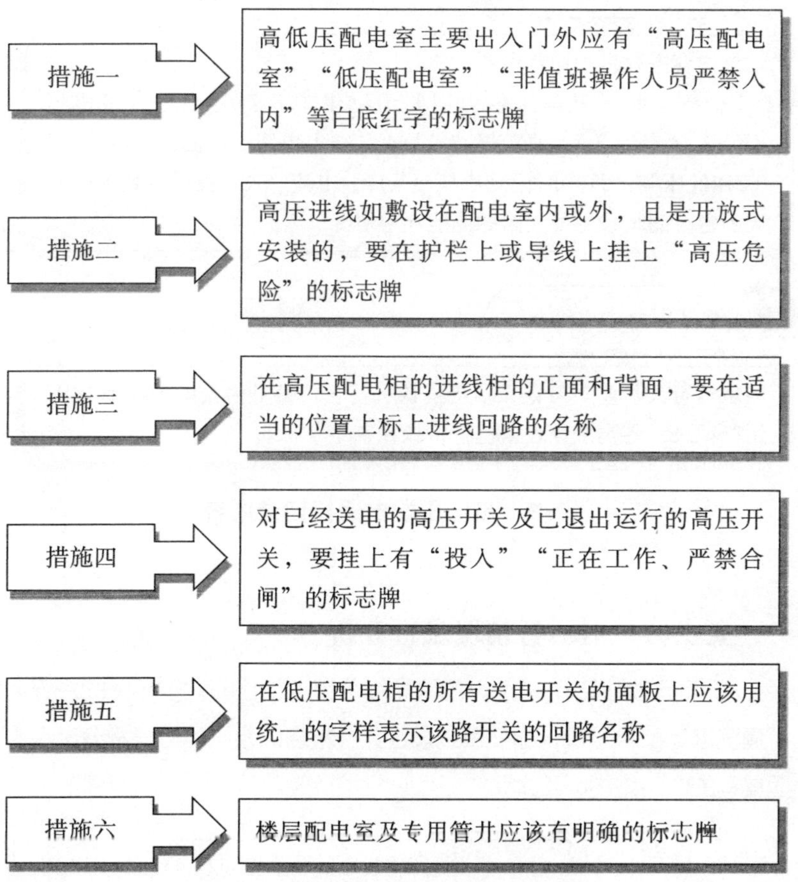

图6-2　维护好系统标志的措施

要点03：做好高低压配电运行记录

物业工程部维修人员要做好高低压配电运行记录，这主要包括两方面的内容，如图6-3所示。

1 记录内容

记录内容主要是指运行参数
（1）高压侧（以高压供电回路为记录项）：每小时记录电压（KV）、电流（A）直流屏技术数据：充电电压、电流、直流电压
（2）低压侧：每小时记录电压（V）、电流（A）等技术数据，每天固定时间记录主要回路的电能耗用情况

2 交接班记录与检查

当班运行人员要对其记录负责，认真签名，每月由系统工程师对其运行记录、各类统计表格进行审核并签字

图6-3 高低压配电运行记录内容

要点04：对运行情况进行分析

每年年末到次年1月前，由供配电系统的工程师对本年度的系统运行情况进行技术分析，提交系统运行分析报告。系统运行情况分析报告应具有的内容如图6-4所示。

全年平均载荷(KW)、各台变压器的运行时数(H)、总用电量、重点用电回路的用电总量(KWH)、全年低压端平均线电压(V)、全年平均气温(℃)、全年高低压配电设备的故障率(%)（从高压进线开始到低压配电柜出线端止的设备）

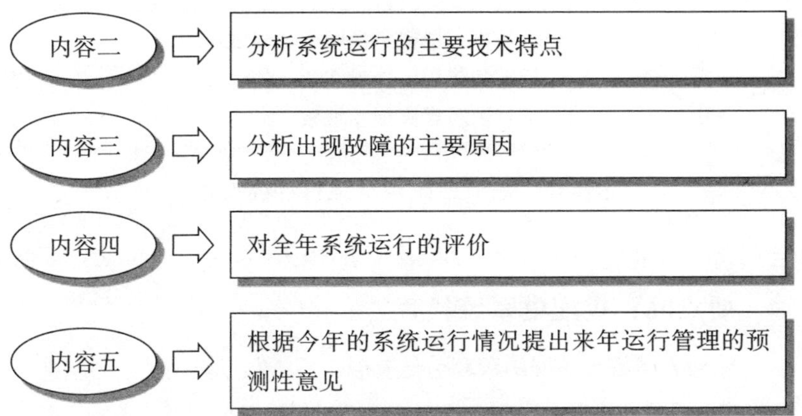

图6-4 系统运行情况分析报告内容

要点05：高低压配电房的环境要求

高低压配电房运行环境要求如图6-5所示。

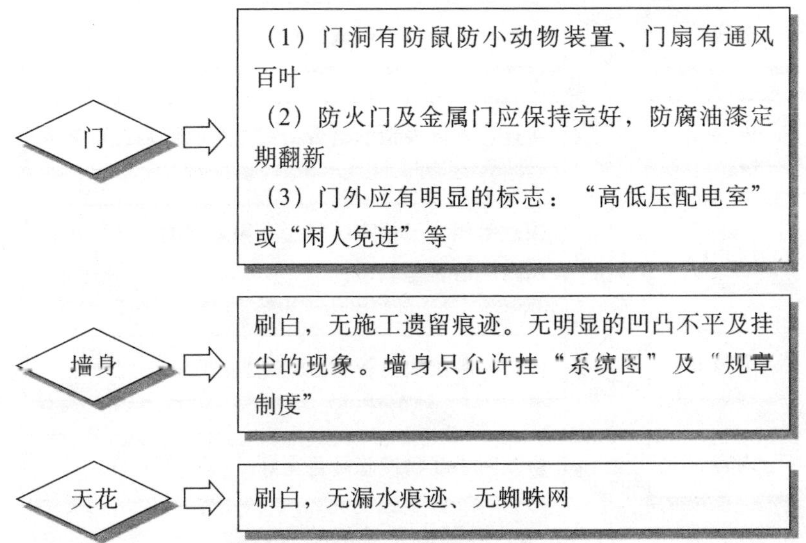

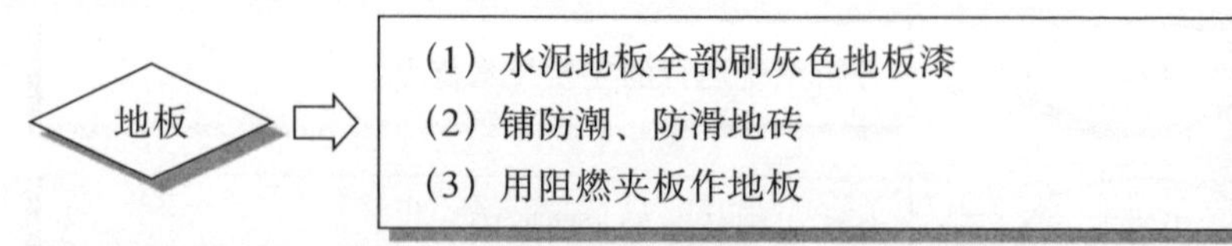

图6-5 高低压配电房运行环境要求

要点06：供配电系统检查

检查人员每天巡视两次高压开关柜、变压器、配电柜、电容柜、电表箱等设备。检查人员应按规定的频次进行检查、巡视、监控，并把每次所到巡视点的时间记录在“供配电系统巡视检查表”上，供配电系统的检查内容如图6-6所示。

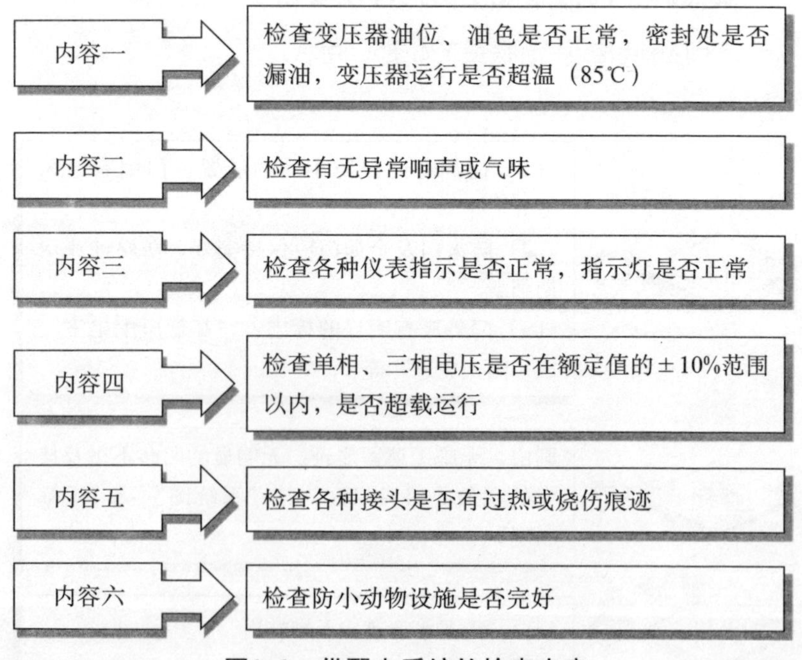

图6-6 供配电系统的检查内容

看板展示

看板01：配电房

配电房是供配电系统的核心区域，工程人员应当经常对配电房进行检查和维护保养，使其正常运转，以便维持整个小区的正常供电。配电房地面要干净、整洁，同时有清晰的画线。

看板02：低压配电系统图

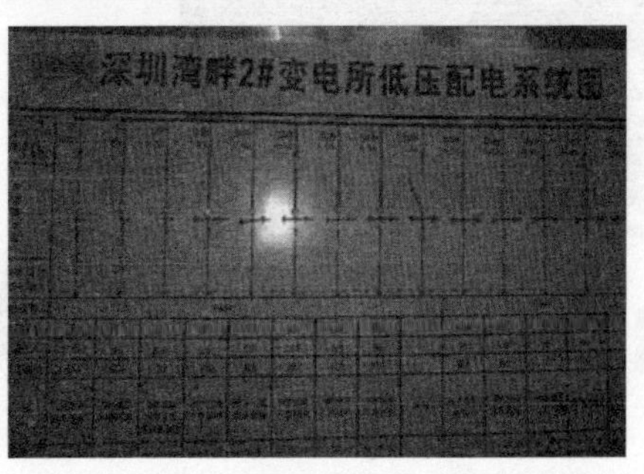

物业管理处应当画出低压配电系统图，如实展示低压配电系统的运行现状。

看板03：设备区域警示

物业管理处应当在重点设备区域放上“机房重地、闲人免进”等标志牌，提醒无关人员不得进入。

看板04：高压危险警示

工程人员应当在高压设备上悬挂“高压危险、请勿接近”的标志牌，提醒人员注意不要靠近。

看板05：室外高压设备

工程人员也要加强对室外高压设备的检查工作，确保设备上有“止步，高压危险”等标志牌。

问题解答

问题01：备用发电机组机房的环境要求有哪些

备用发电机组机房的环境要求如下：

（1）地面应做好防尘处理。

（2）发电机台架应高于地面，在距离台架20cm处应有黄色的警戒线。

（3）发电机组的槽钢底座不应有锈蚀现象。

（4）对于水冷发电机组的台架四周应有完整的排水沟，其宽度不宜超过15cm。

（5）发电机组的日用油箱应设在有门的独立房间，门外侧应有明

显的警示牌 “严禁烟火”。

（6）发电机组的启动电池应放置在专用的台架上。

问题02：供配电系统检查中发现有人触电如何处理

供配电系统检查中发现有人触电的处理措施如下：

（1）发现有人触电时，检查人员应保持镇静、保持头脑清醒，尽快使触电者脱离电源，并进行紧急抢救：

（2）关闭电源开关、拔去插头或熔断器。

（3）用干燥的木棒、竹竿移开电线或用绝缘工具（平口钳、斜口钳等）剪断电线。

（4）用干燥的衣服或绝缘塑料布垫住，将触电者脱离电源。

（5）如果触电者尚未失去知觉，则必须让其保持安静，并立即请医生进行诊治，密切注意其症状变化。

（6）如果触电者已失去知觉，但呼吸尚存，应使其舒适、安静地仰卧，将上衣与裤带放松，使其容易呼吸，若触电者呼吸困难，有抽筋现象，则应积极进行人工呼吸，并及时送进医院。

第二节 供配电系统维护保养

要点分析

要点01：供配电系统月度保养

供配电系统月度保养措施如图6-7所示。

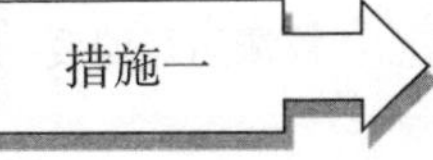

检查各楼层和机房应急灯、疏散指示灯、楼梯灯、前室灯、电房照明、外广场路灯

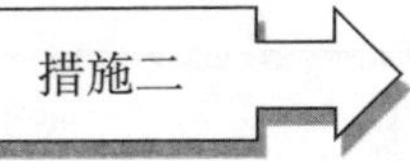

检查地下层排风机和送风机运行状况和机房照明

发电机：机身清洁除尘；检查各螺丝有无松动、有无漏水漏油、机油油位、水箱水位、燃油箱油位、蓄电池；启动机组运行10分钟、停机后检查有无漏水漏油

图6-7　供配电系统月度保养措施

要点02：供配电系统季度保养

供配电系统月度保养措施如图6–8所示。

各层配电母线槽接头：检测运行温度

外立面泛光灯和外墙灯：检查镇流器、灯座、灯泡、控制开关和线路有无损坏；开关箱清洁除尘

喷水池灯：检查灯座、灯泡、控制开关和线路有无损坏；潜水泵运行有无异响；更换密封不良灯座和老化电缆，开关箱清洁除尘

公共大堂灯、招牌射灯和灯箱：检查灯座、灯泡、光管、控制开关和线路有无损坏；开关箱清洁除尘

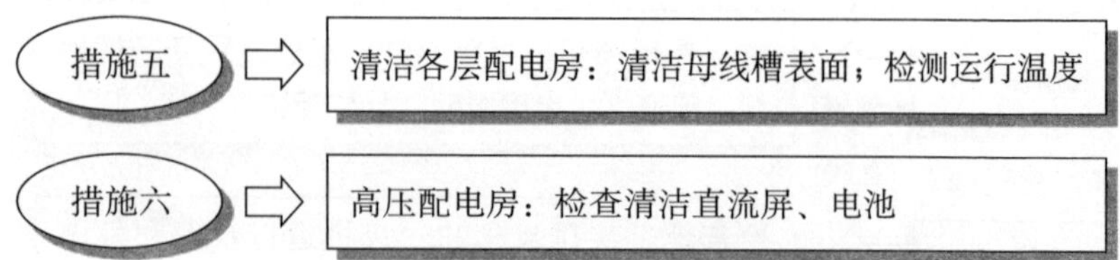

图6-8　供配电系统月度保养措施

要点03：供配电系统半年保养

供配电系统半年保养措施如图6-9所示。

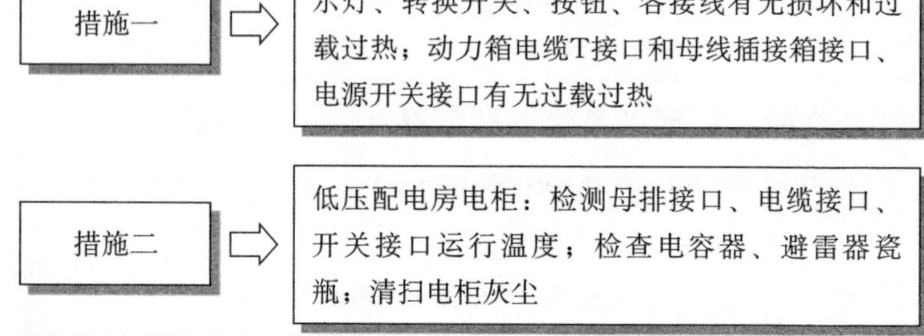

图6-9　供配电系统半年保养措施

要点04：供配电系统年度保养

供配电系统年度保养措施如图6-10所示。

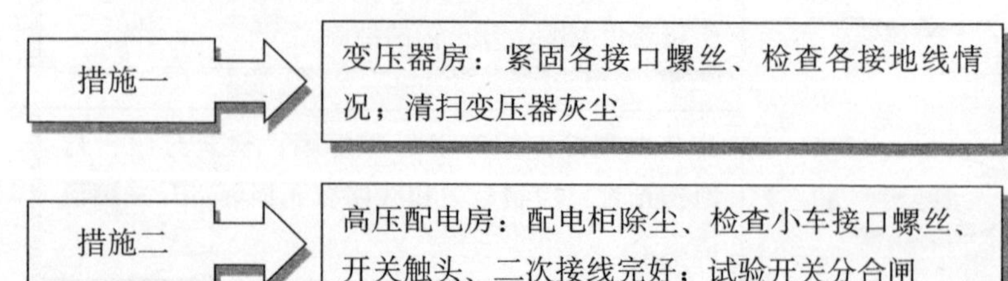

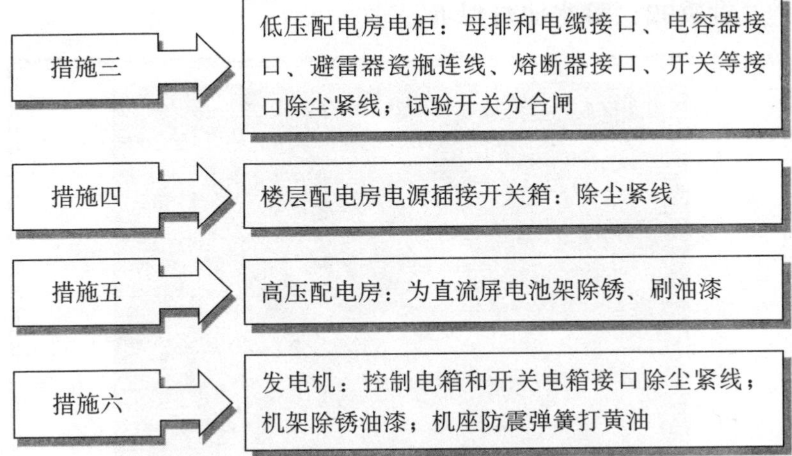

图6-10　供配电系统年度保养措施

看板展示

看板01：检查设备运行标志

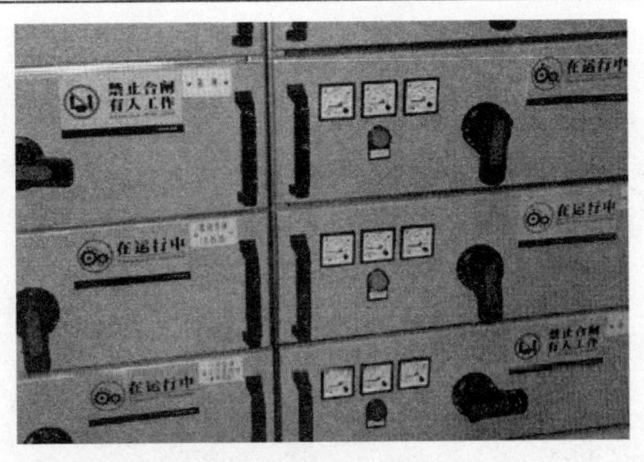

工程人员应当定期对设备运行标志进行检查，看其是否与设备状态相符合，如果不符合，要及时更换标志牌。

看板02：喷水池灯保养

工程人员要定期对喷水池灯进行保养，仔细检查灯座、灯泡、控制开关和线路有无损坏，出现损坏要及时更换。

看板03：室内照明灯具

小区建筑中存在大量照明灯具，工程人员应当做好日常维护工作，维持灯具的正常开启。

看板04：照明开关

工程人员也要做好对各类照明开关的维护保养工作，发现破损，要及时修补或更换。

问题解答

问题01：供配电系统保养中有哪些注意事项

供配电系统保养的注意事项如下：

（1）做好防护工作，戴好防护用品，防止触电。

（2）保养工作要做好准备，携带需要的各种保养工具、零部件等。

（3）做好保养记录工作，记录保养人员、时间等。

问题02：配电房发生水浸时如何处理

配电房发生水浸时的处理措施如下：

（1）视进水情况，拉下总电源开关或高压开关。

（2）堵住漏水源。

（3）如果漏水较大，应立即通知运行班长，同时尽力阻止进水。

（4）漏水源堵住后，应立即排水。

（5）排干水后，应立即对湿水设施设备进行除湿处理（如用干的干净抹布擦拭、热风吹干、自然通风，更换相关管线等）。

（6）确认湿水已消除（如各绝缘电阻达到规定要求），开机试运行，如无异常情况出现，则可以投入正常运行。

第七章
消防系统管理

消防安全是物业管理的核心内容，只有切实保障了消防安全，才能为业主提供良好的居住环境。这就要求工程管理人员做好消防系统的管理，确保消防系统始终处于正常运转状态中。

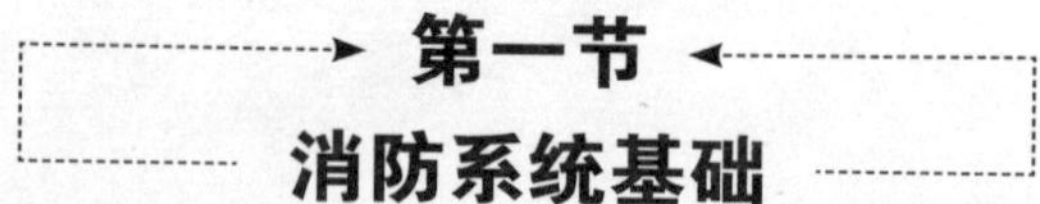

第一节 消防系统基础

要点分析

要点01：消防系统的组成

消防系统包含多个部分，例如自动报警系统、消火栓系统、喷淋系统等，具体系统组成如图7-1所示。

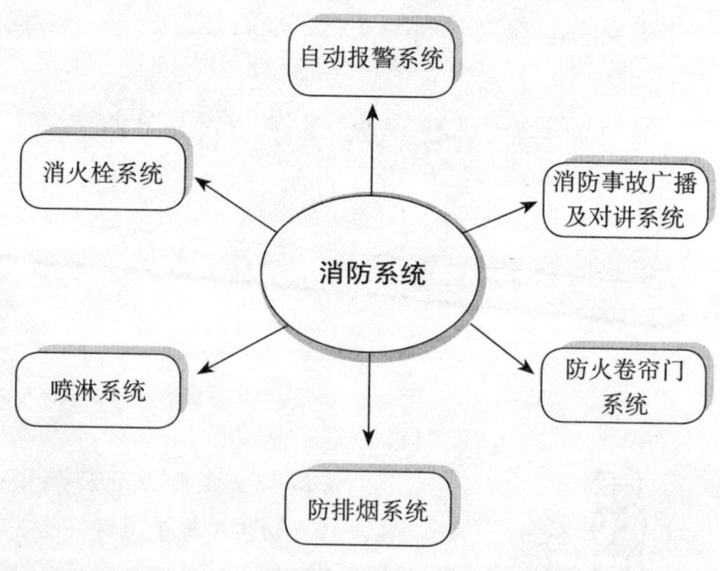

图7-1　消防系统

要点02：消防监控中心运行环境要求

消防监控中心是消防管理工作的指挥中心，运行环境要求如图7−2所示。

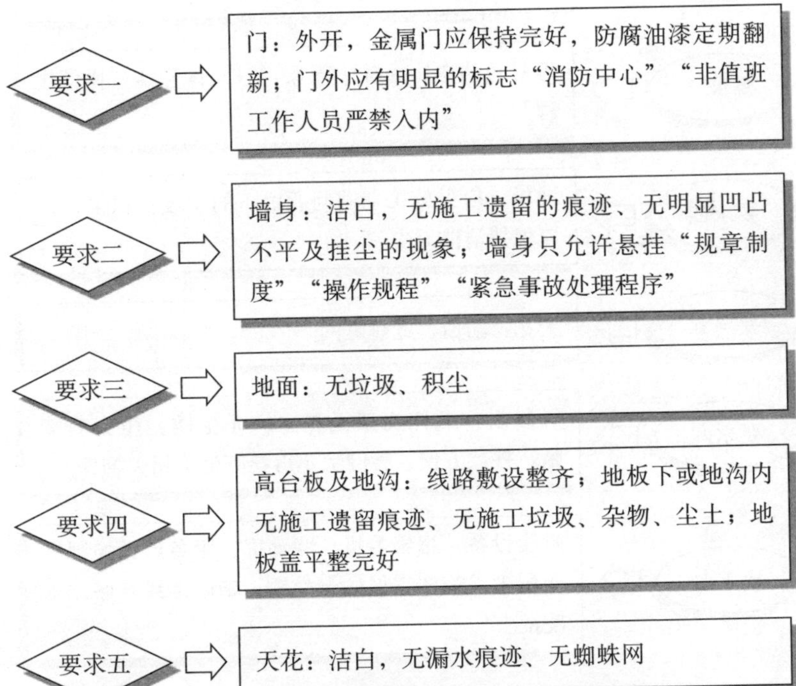

图7−2　消防监控中心运行环境要求

要点03：气体灭火设备间运行环境要求

气体灭火设备间运行环境要求具体如图7−3所示。

要求一 ⇨ 照明：电源应接入确保回路，应急灯齐备完好；室内照明无故障

要求二 ⇨ 门：门铰无松动、门锁完好、门外应有明显标志（“BTM气瓶间”）

要求三 ⇨ 墙身：洁白，无挂尘现象；只允许悬挂“操作规程”

要求四 ⇨ 地板：应无施工期间问题留下的垃圾、积尘，并应保持清洁无尘

要求五 ⇨ 天花：洁白，无蜘蛛网

要求六 ⇨ 气瓶组：瓶体支架无积尘、无生锈；压力表清晰，抄读方便；管网上不得挂其他不相关物件

要求七 ⇨ 附属设备：报警主机、联动屏、紧急广播控制屏无积尘；箱体完好，无生锈；箱内走线有序、不凌乱

图7-3　气体灭火设备间运行环境要求

要点04：消防水泵房运行环境要求

消防水泵房运行环境要求如图7-4所示。

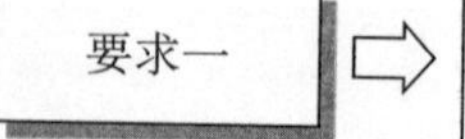

⇨ 加压水泵、气压罐、湿式报警阀底座无松动、无泄漏；泵体、气压罐身、地脚螺丝无生锈、无脱漆；悬挂标有技术参数的标志牌

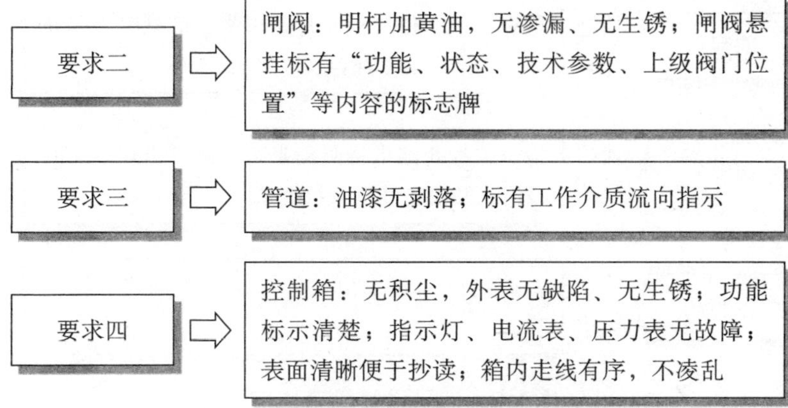

图7-4　消防水泵房运行环境要求

要点05：消防系统检查

消防系统检查内容如图7-5所示。

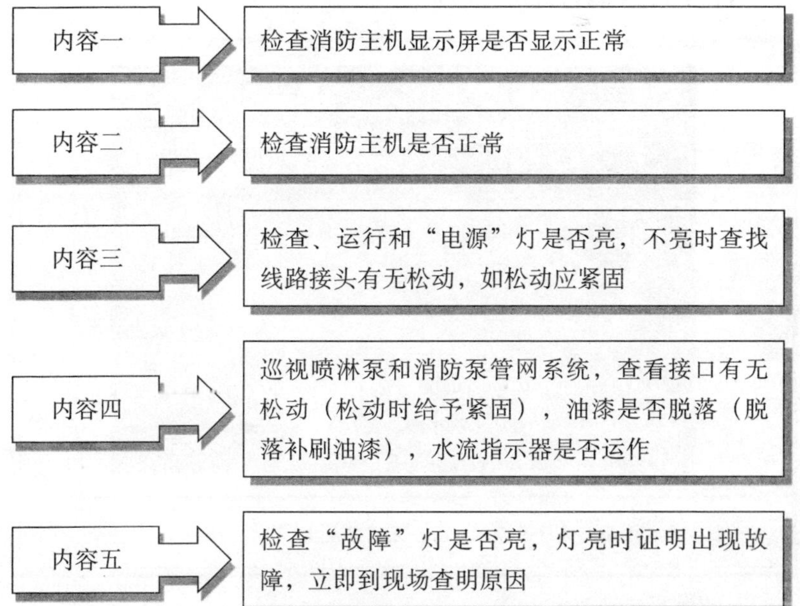

内容六 → 检查“低水位”信号灯是否亮，灯亮时立即通知机电维修电工查看水位加水

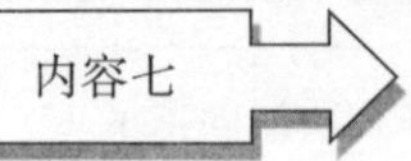
内容七 → 检查监控闭路电视画面是否清晰，出现故障时及时通知设备维护人员维修

内容八 → 检查测试“逃生出口”标志在夜间能否正常亮起

图7-5　消防系统检查内容

看板展示

看板01：监控中心地面

监控中心地面应保持干净、整洁、无明显灰尘。

看板02：室外消火栓检查

室外消火栓是物业消防系统的重要组成部分，物业工程人员必须定期对室外消火栓进行巡视检查，发现故障及时处理。

看板03：逃生标志

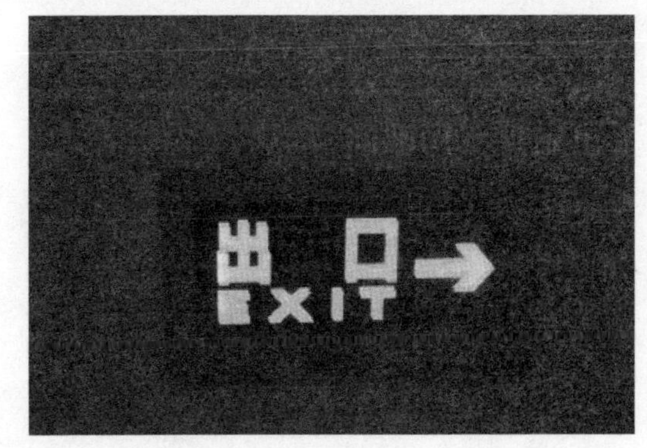

逃生标志指示着逃生的方向，是物业消防系统中非常重要的一部分，工程人员必须加强检查，发现标志损坏要及时修理，使其恢复正常状态。

看板04：检查记录

对消防器材的检查必须做好记录，详细记录设备具体状况以及各项运行参数等。

看板05：温馨提示

温馨提示

二栋各租户：

您好！消防通道产禁摆放物品、停放单车，从2010年7月16日起凡停放的单车二栋管理处一律将单车搬出门外，丢失单车者后果自负，谢谢合作！

二栋管理处

2010年7月15日

为加强消防安全管理，确保消防系统正常运转，物业管理处应当贴出温馨提示，提醒业主不要堵塞消防通道。

问题解答

问题01：室外消火栓等设备运行环境要求有哪些

室外消火栓等设备运行环境要求具体如下：

（1）水泵接合器房：门无破损；门铰无松动；门锁完好；门外有“消防水泵接合器”标志牌。

（2）水泵接合器：无渗漏、配件齐全；防腐油漆无剥落；接合器悬挂供水楼层范围标志牌；设备房内严禁堆放杂物。

（3）室外栓：防腐油漆无剥落；配件齐全；四周3m范围内不应有阻挡物和障碍物。

问题02：消防系统检查中发现异常如何处理

消防系统检查中发现异常的处理措施如下：

（1）当消防主机出现异常情况（如水浸入），应立即切断供给消防主机的主电源和备用电源，以免引起相关联动装置启动而造成消防主机部件烧毁。

（2）当配电箱线路发生短路（过负荷）起火时，立即关掉相关设备的电源，迅速用ABC干粉灭火器扑灭。

第二节 消防系统维护保养

要点分析

要点01：自动报警系统维护保养

自动报警系统维护保养措施如图7-6所示。

措施一：火灾报警控制器在长期使用过程中，会有大量的灰尘吸附在火灾报警控制器的电路板上，灰尘过多会影响电路板散热，在潮湿的情况下还有可能发生短路，所以定期清洁报警控制器是十分必要的

措施二：探测器投入运行两年后，应每隔3年全部清洗一遍。对清洗后的探测器需进行电气参数校验调整

准备好备用电池，以便在常用供电电池出现故障时，代其继续供电。备用电池一般采用免维护电池，其寿命为3～5年，应定期使用专用电池测试仪测试电池

探测器加烟功能测试，在大型建筑物中探测器数量较多，探测器的测试一般采用抽测方式

图7-6　自动报警系统的维护保养措施

要点02：消火栓系统维护保养

消火栓系统维护保养措施如图7-7所示。

措施一 → 检查栓门、把手是否完好，栓门开关有无卡阻，锁、玻璃有无损坏

措施二 → 指示灯、报警按钮、警铃是否齐全，有无脱落

措施三 → 每月检查消防水泵，测试喷淋泵工作压力，为润滑部位加注润滑油

措施四 → 绝缘性能测试，接地保护测试，运行电流测试

措施五 → 控制柜内清扫，检查面板标志符合要求、指示灯、按钮、开关等保持良好

措施六 → 每月试验运行消防泵、喷淋泵检查消防泵启动、出水、流量、压力是否正常

图7-7 消火栓系统维护保养措施

要点03：喷淋系统维护保养

喷淋系统的维护保养措施如图7-8所示。

每月应对喷头进行一次外观检查，发现有漏水、腐蚀、玻璃球变色或玻璃球内液体数量减少、喷头周围有影响喷头动作或洒水的障碍物等现象，应立即更换与清理

喷淋水泵及供水设施	⇨	平时应注意电动机和水泵的维护保养，定期进行保洁和加注润滑油；每月手动启动运转一次
喷淋给水系统运行维护	⇨	（1）每月对水泵和供水管道进行一次维护保养，确保喷淋水泵运转平稳，无振动 （2）每月对水泵启动装置进行一次清扫，检查面板标志、指示信号及仪表指值等应符合要求

图7-8 喷淋系统的维护保养措施

要点04：防排烟系统维护保养

防排烟系统的维护保养措施如图7-9所示。

1	对排烟阀、排烟防火阀、送风阀的维护保养	（1）检查排烟口、送风口有无变形、损伤，周围有无影响使用的障碍物 （2）检查风管与排烟口连接部位的法兰有无损伤
2	对送风、排烟风机的维护保养	（1）风机房周围有无可燃物，安装螺栓是否松动、损伤 （2）传动机构是否变形、损伤，叶轮是否与外壳接触 （3）电动机的接线是否松动，电动机的外壳有无腐蚀现象
3	对风机电柜的维护保养	（1）控制柜有无变形、损伤、腐蚀 （2）电压、电流表的指针是否在规定的范围内
4	防排烟风机测定	每年应对防排烟风机的风量进行测定，并适度调整
5	正压送风阀	检查其送风阀是否完好，能否完成送风功能

图7-9 防排烟系统的维护保养措施

要点05：防火卷帘门系统维护保养

防火卷帘门系统的维护措施如图7-10所示。

手控检查	（1）外观检查门轨、门扇有无变形、卡阻现象，手动按钮箱是否良好 （2）卷帘门的电箱指示信号是否正常、箱体是否完好 （3）开启按钮箱门，检查按钮是否正常
自控检查	（1）用燃着的香烟等烟源测试系统中任一烟感器，发现不能启动要及时检查并修理 （2）对卷帘进行清扫除尘，若有油漆局部变形的地方进行修复，确保卷帘外观清洁美观
年度保养	（1）对卷帘门控制箱自检按钮，故障报警消声键，复位键进行专门检查 （2）紧固各电线接头，清洁控制箱内灰尘检查箱内电气元件是否齐备

图7-10　防火卷帘门系统的维护措施

看板展示

看板01：喷淋头

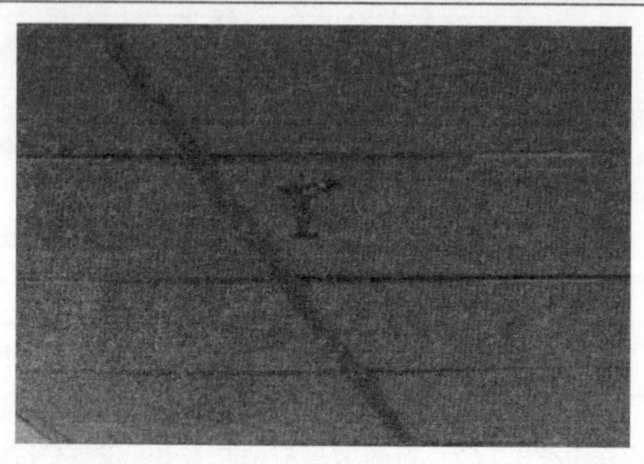

喷淋头是消防系统的重要组成部分，当发生火灾时，水通过喷淋头溅水盘洒出进行灭火。工程人员在进行维护保养工作时，要严格做好对喷淋头的保养工作，及时解决漏水、腐蚀等问题。

看板02：喷淋水管管理

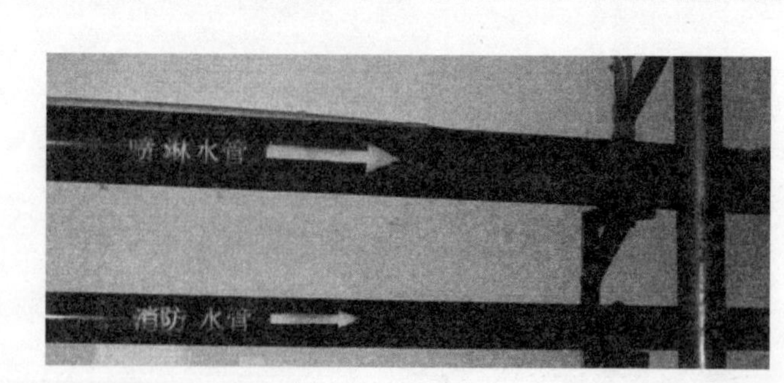

工程人员每月要对供水管道进行检查，发现破损之处要及时处理。

看板03：防火卷帘门

防火卷帘门也是消防系统的重要组成部分，用于在火灾发生时及时阻止火灾扩散。工程人员要定期对外观、电箱指示信号、按钮箱门等部位进行仔细维护保养。

问题解答

问题01：探测器加烟功能测试有哪些注意事项

探测器加烟功能测试的注意事项如下：

（1）对测试过的探测器做地址记录，以免在下期测试中重复测试同一个点。在一年内通过几期测试后将所有的探测器测试一遍。

（2）在加烟测试过程中，应对探测器报警的迟缓程度做记录，通过最后汇总，对整个建筑物内探测器的工作状态有一个大致的了解，为是否对探测器进行清洗提供依据。

（3）测试中应核对探测器的地址是否准确。

问题02：如何检查防火卷帘门按钮

检查防火卷帘门按钮的要点如下：

（1）按动向上（或向下）按钮，卷帘门应上升（或下降）；按钮操作上升（或下降）过程中，检查人员应密切注意卷帘门上升（或下降）到端部位置时能否自动停车。

（2）若不能，应迅速手动停车，且必须待限位装置修复（或调整）正常后方可操作。

第八章
电梯管理

电梯是物业小区的重要公共服务设施，做好电梯的日常管理工作有助于为业主（用户）提供优质的物业服务。

第一节 电梯管理基础

要点分析

要点01：电梯的组成

电梯是指动力驱动，利用刚性导轨运行的箱体或者沿固定线路运行的梯级（踏步）进行升降或平行运送人、货物的机电设备。电梯主要分为垂直电梯和自动扶梯。住宅物业小区主要用的是垂直电梯。主要由机房、电梯井道、轿厢、层站四部分组成，具体部分如图8-1所示。

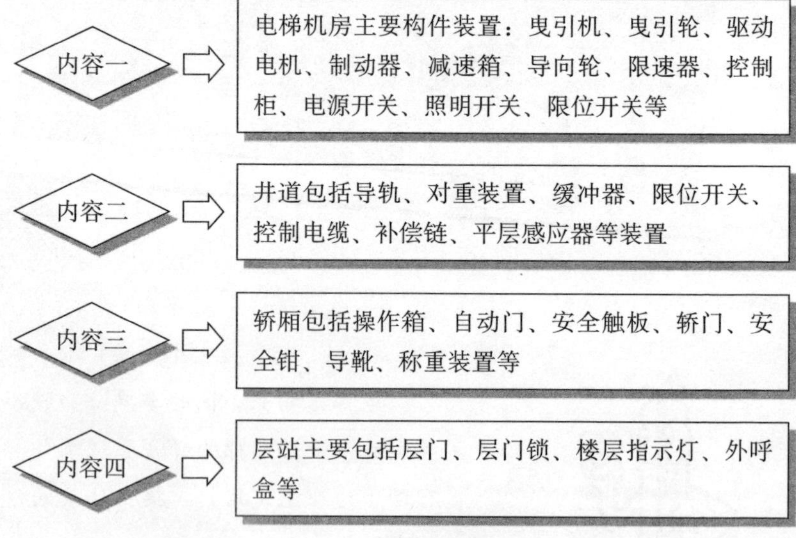

图8-1　电梯的组成

要点02：打开电梯的步骤

工程人员必须按规范打开电梯，具体步骤如图8-2所示。

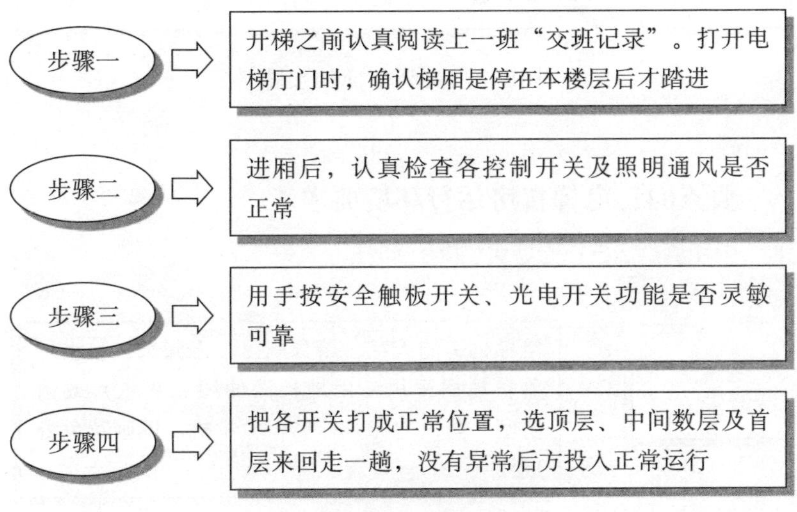

图8-2 打开电梯的步骤

要点03：关闭电梯的步骤

工程人员必须按规范关闭电梯，具体步骤如图8-3所示。

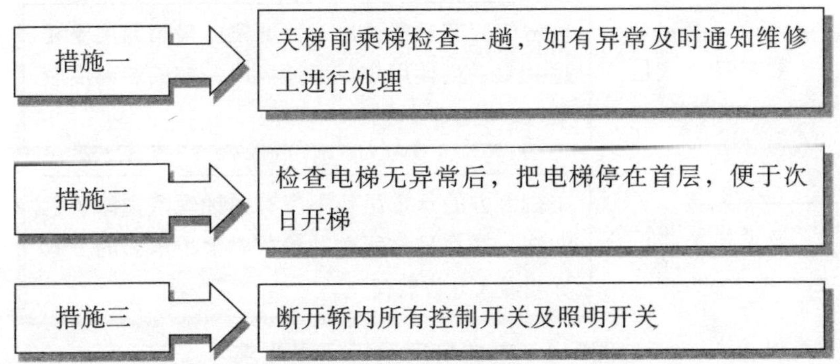

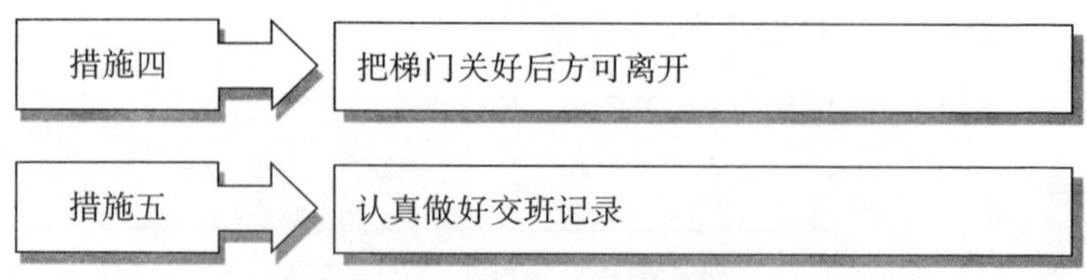

图8-3　关闭电梯的步骤

要点04：电梯机房运行环境要求

电梯机房运行环境要求如图8-4所示。

要求一	电梯机房的天花、墙身刷白，无漏水、渗水现象；地面采用专用地板漆油漆（灰色）或铺防潮、防滑地砖；控制柜、主机周围画黄色警戒线
要求二	门外开，并有锁紧装置；门上应有明显标志“电梯机房”或者“机房重地，闲人免进”
要求三	机房内不应存放无关的设备、杂物和易燃性液体，并应设置手提灭火装置
要求四	机房内应有良好通风，保证室内最高温度不超过40℃。当使用排风扇通风时，如安装高度较低时，应设防护网
要求五	主机上方的承重吊钩不应有锈蚀现象，涂黄色油漆，并在吊钩所在的承重梁上用永久的方式标明最大允许载荷

图8-4　电梯机房运行环境要求

要点05：轿厢运行环境要求

轿厢运行环境要求如图8-5所示。

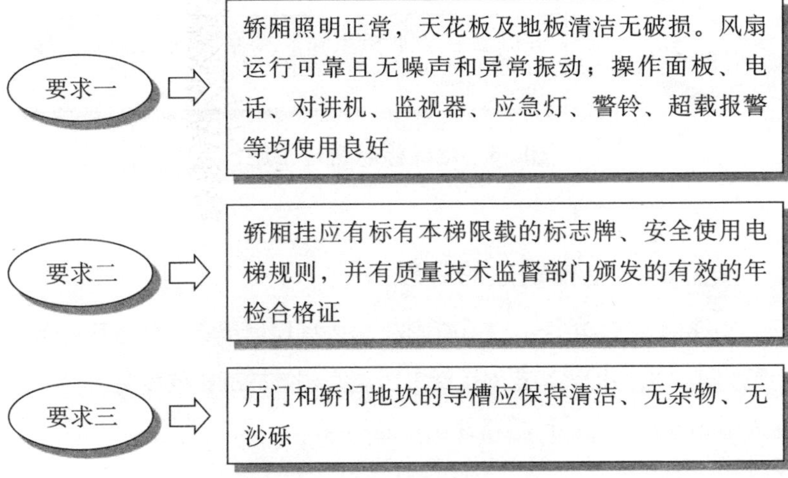

图8-5　轿厢运行环境要求

要点06：电梯标志管理

电梯内外会存放着比较多的标志，工程人员也要做好标志管理，具体措施如图8-6所示。

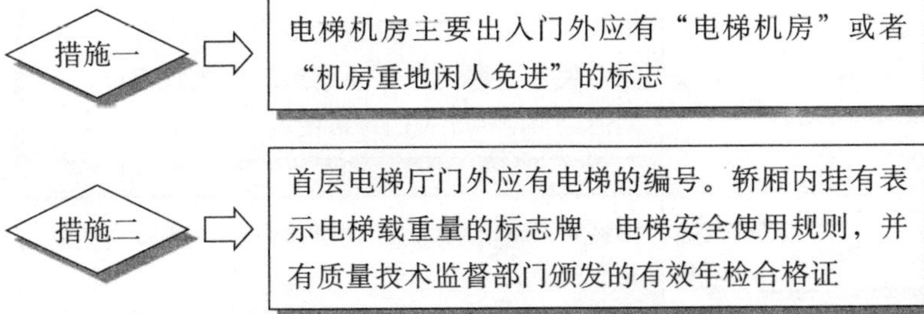

措施三：对于外墙用的提升设备多于一台的应做好编号。在其电源箱或控制箱的表面，应有“非操作人员严禁开启”的警示

措施四：机房内有“乘梯须知”“乘客安全须知”等标志

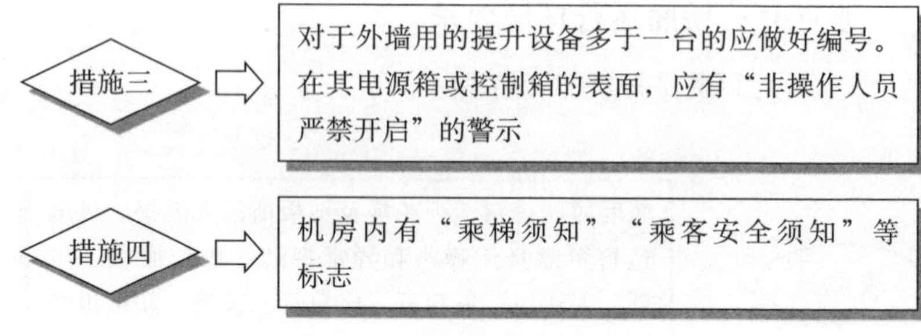

图8-6 电梯标志管理措施

要点07：电梯钥匙的管理

电梯钥匙（包括层门三角钥匙、轿内操纵盘钥匙、基站开关电梯电气钥匙、机房钥匙）是对电梯进行运行和维护的重要专用工具，工程人员必须对其进行严格管理和规范的操作，具体管理措施如图8-7所示。

措施一：电梯的钥匙必须由专门人员进行保管

措施二：应做好电梯钥匙使用和交接登记制度，并建立专门的记录档案，特别要预防电梯钥匙的丢失

措施三：电梯钥匙未经特种设备安全管理员同意，不得随意使用。因工作需要使用时应做好记录，不能借给与电梯无关的人员使用

措施四：电梯钥匙使用完毕后必须及时交回保管人员，并放回原处

电梯钥匙遗失，必须在第一时间汇报特种设备安全管理员，并承担相应责任

图8-7　电梯钥匙的管理措施

要点08：电梯日常检查

电梯关系着业主的切身安全，因此，工程人员应当经常对电梯进行检查，日常检查内容如图8-8所示。

内容一	检查电梯机房的明装锁具是否完好，门上是否有设备房名称编号标志及警示标志（机房重地、非请勿进等）
内容二	检查电梯机房内的地面、墙面是否干净整洁，物品归类是否摆放工整
内容三	检查电梯机房设备区域是否严禁吸烟，是否有“严禁烟火或严禁吸烟、注意安全”等的警示标志
内容四	检查厅门和轿门各项相关间隙是否符合要求，门动作良好及开关无摩擦无异常
内容五	检查电梯外部按钮是否正常工作
内容六	检查轿厢底板是否稳固、美观、无异响。轿壁是否稳固、美观、无异常凸起物（含保护板）

图8-8　电梯日常检查内容

看板展示

看板01：电梯机房的天花

电梯机房的天花必须干净、整洁，确保无漏水、渗水现象。

看板02：电梯机房地面

地面采用专用地板漆油（灰色）或铺防潮、防滑地砖，保持干净、整洁、稳固、无缝隙。

看板03：电梯外标志

电梯外应当有指示标志，指示电梯的方位，方便业主及时找到电梯。

看板04：电梯安全检验合格证

电梯内应贴有质量技术监督部门颁发的有效检验合格证，未取得合格证的电梯不得运行。

看板05：请勿挤压标志

电梯表面应贴有警示标志，如“危险，请勿挤压”等，提醒使用人员注意。

看板06：乘客安全须知

电梯内应贴有乘客安全须知，提醒使用人各项安全注意事项。

问题解答

问题01：如何安全使用电梯钥匙

安全使用电梯钥匙的具体措施如下：

（1）电梯层门三角钥匙的使用人必须经过电梯安全知识培训，并取得质量技术监督部门颁发的有效特种作业人员证书。

（2）当工程维修人员用三角钥匙打开层门时，应看清电梯是否停在本层，以防踏空；上轿顶前先打急停开关，后把电梯置检修位置，确认后方可上轿顶。

（3）紧急救援时必须先切断电梯控制电源，确认好轿厢位置后再使用层门三角钥匙进行救援作业。

（4）操纵盘钥匙的使用人必须经过电梯安全知识培训，并取得质量技术监督部门颁发的有效特种作业人员证书。如有司机，应交电梯司机保管，按规定开、关梯。

问题02：检查中发现电梯异常时如何处理

检查中发现电梯异常的处理措施如下：

（1）电梯维修员巡查中发现电梯运行异常，应立刻通知监控中心。

（2）监控中心当值人员通过轿厢对讲机通知业主（用户）从最近的楼层离开故障电梯。

（3）电梯维修员将故障电梯关闭。

（4）即刻将情况报告物业管理处主任和电梯承包商。

第二节 电梯维护保养

要点分析

要点01：电梯维护保养的一般要求

电梯维护保养的一般要求如图8-9所示。

电梯检修或保养时，必须挂牌标明“电梯检修停用”字样，确认轿厢无人后方可停机，工作时必须戴安全帽

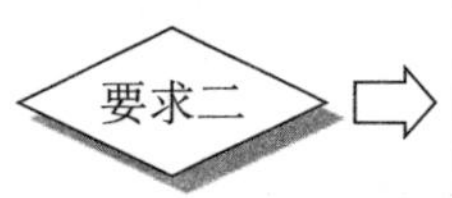

维护保养工作完成后，必须认真清理现场，清点工具和物品，切忌遗漏，同时注意不要损坏电梯内广告

维护保养时，对电梯内的报警电话进行检测

机房、井道因工作需要动火时，必须遵守项目动火规定，报经主管和经理同意并指定专人操作和监视，事后清理火种

对电梯的楼层显示标志要定期进行清洁

图8-9　电梯维护保养的一般要求

要点02：电梯月度维护保养

电梯月度维护保养措施如图8-10所示。

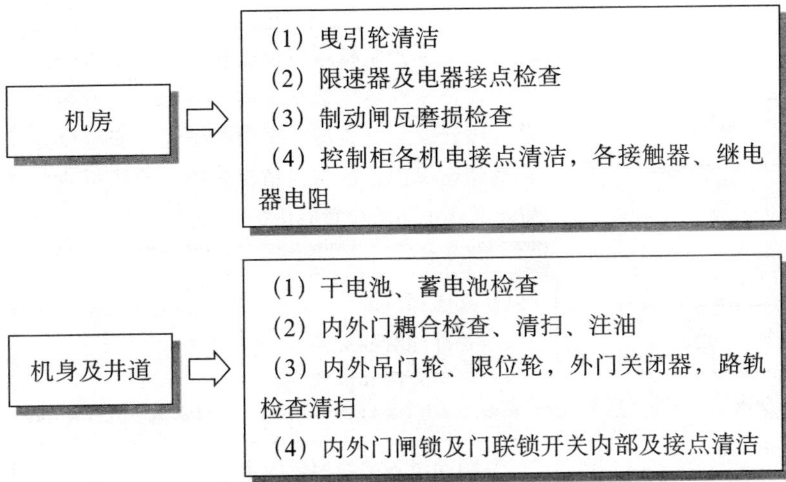

图8-10 电梯月度维护保养措施

要点03：电梯季度维护保养

电梯季度维护保养措施如图8-11所示。

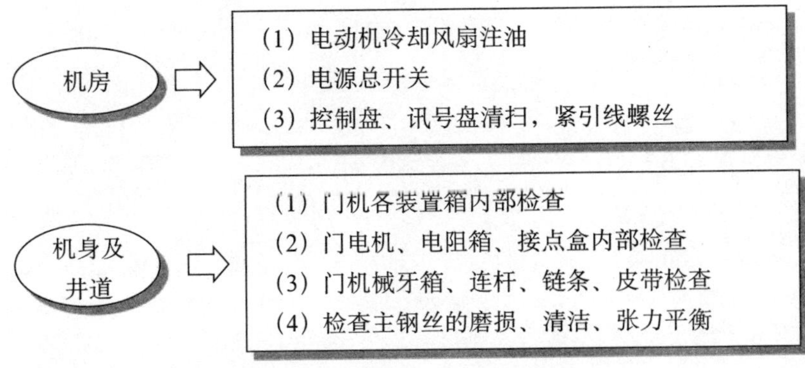

图8-11 电梯季度维护保养措施

要点04：电梯年度维护保养

电梯年度维护保养措施如图8-12所示。

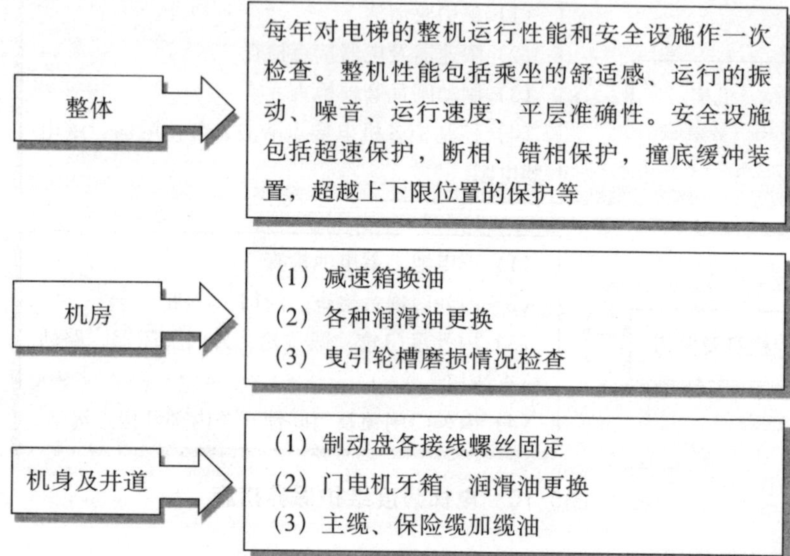

图8-12　电梯年度维护保养措施

看板展示

看板01：楼层显示标志

对电梯的楼层显示标志要定期进行清洁，使其能够正常显示楼层号码。

看板02：电梯广告

工程人员在对电梯进行维护保养时要注意不要损坏电梯广告，必要时，可先将其取下，然后进行电梯的维护保养。

看板03：电梯内报警电话

工程人员在维护保养电梯时，对电梯内的报警电话进行检测，同时确保提示用的标志牌完好无损。

问题解答

问题01：发生电梯困人事故如何处理

发生电梯困人事故的处理措施如下：

（1）把电梯主电源拉开，防止电梯意外启动，但必须保留轿厢照明。

（2）确定电梯轿厢位置。

（3）当电梯停在距某平层位置约±60 cm范围时，维修人员可以在该平层的厅门外使用专用的厅门机械钥匙打开厅门，并用手拉开轿厢门，然后协助被困者安全撤离轿厢。

（4）当电梯未停在上述位置时，则必须用机械方法移动轿厢后救人。步骤如下：

①轿门应保持关闭，如轿门已被拉开，则要叫乘客把轿门手动关上。利用电梯内对讲电话，通知乘客轿厢将会移动，要求被困者静待轿厢内，不要乱动。

②在曳引电动机轴尾装上盘车装置。

③两人把持盘车装置，防止电梯在机械松抱闸时意外或过快移动，然后另一人采用机械方法一松一紧抱闸，当抱闸松开时，另外两人用力绞动盘平装置，使轿厢向正确的方向移动。

④按正确方向使轿厢断续地缓慢移动到平层±15cm位置上。

⑤使抱闸恢复正常，然后在厅门对应轿门外机械打开轿厢，并协助乘客撤出轿厢。

（5）当按上述方法和步骤操作发现异常情况时，应立即停止救援并及时通知电梯维修保养承包商作出处理。

（6）事后书面报告物业管理处主任。

问题02：电梯发生水浸事故如何处理

电梯发生水浸事故的处理措施具体如下：

（1）电梯维修员发现或接报发生水浸事故将会危及电梯运行时应立刻通知物业管理处，当值保安员通过轿厢对讲机通知业主（用户）从最近的楼层离开受影响的电梯。

（2）电梯维修员将受影响的电梯轿厢升至最高处，并关闭该电梯。

（3）拦住水浸楼层的电梯口，以防水浸入电梯井。

（4）即刻将情况报告主管管理员和电梯承包商。

第九章
节能降耗管理

节能降耗是物业管理的重要工作内容，也是物业管理处的关键性工作任务。物业管理处应当积极采取各种措施，控制能耗，节约成本，提高物业管理处的经营效益。

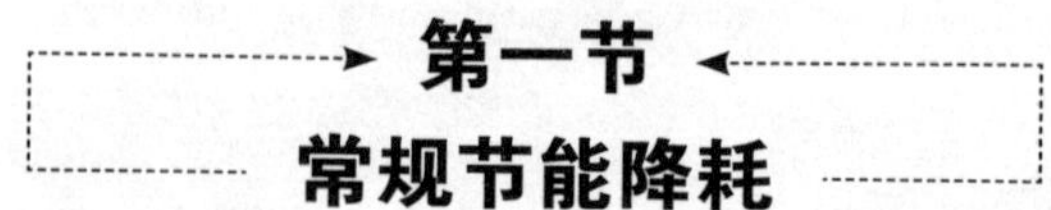

第一节 常规节能降耗

要点分析

要点01：加强节能降耗宣传

物业管理处要加强节能降耗宣传，常用措施如图9-1所示。

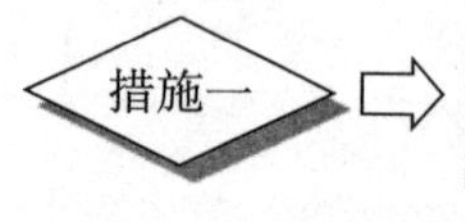

开展宣传活动，通过活动提高业主（用户）的节能意识

制作并张贴节能标语。物业管理处可以组织多制作一些节能标语，然后将其悬挂到物业管理处各个区域，强化员工的节能意识

图9-1　节能降耗的宣传措施

要点02：组织节能降耗培训

由于许多物业管理处以较低薪金雇佣的操作人员没有经过设备运行管理及节能降耗方面的系统学习，只掌握了系统中单个设备的运行方式，对整个系统的工作原理不甚了解，在遇有情况变化时很难作出及时科学的处理。

因此，物业管理处应当把员工节能降耗培训列入物业管理处节能降耗的一项重要内容。培训的内容如图9-2所示。

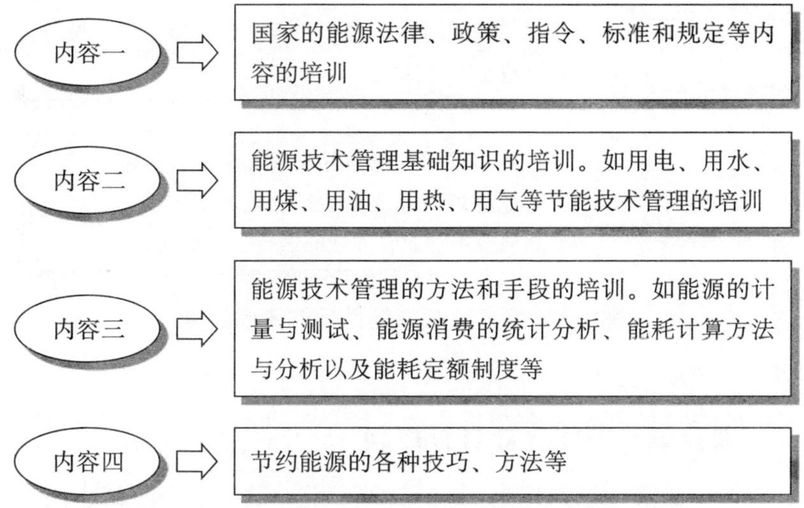

图9-2 培训的内容

要点03：制定节能降耗目标

制定节能降耗目标可以为各部门的节能降耗工作确定工作方向。制定节能降耗目标应考虑一些基本因素，如图9-3所示。

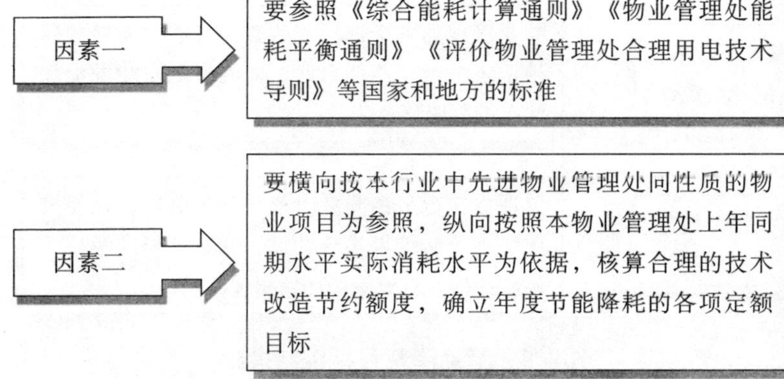

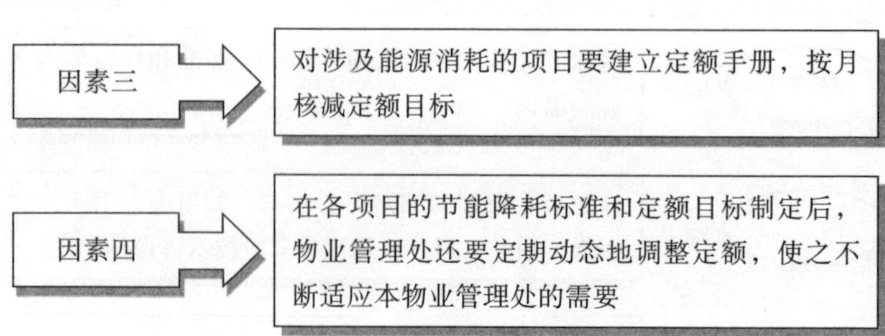

图9-3 制定节能降耗目标的考虑因素

要点04：节能降耗目标控制

为保证物业管理处节能降耗目标的实现，需要对节能降耗目标的实施过程进行控制，具体从以下三个方面来进行，如图9-4所示。

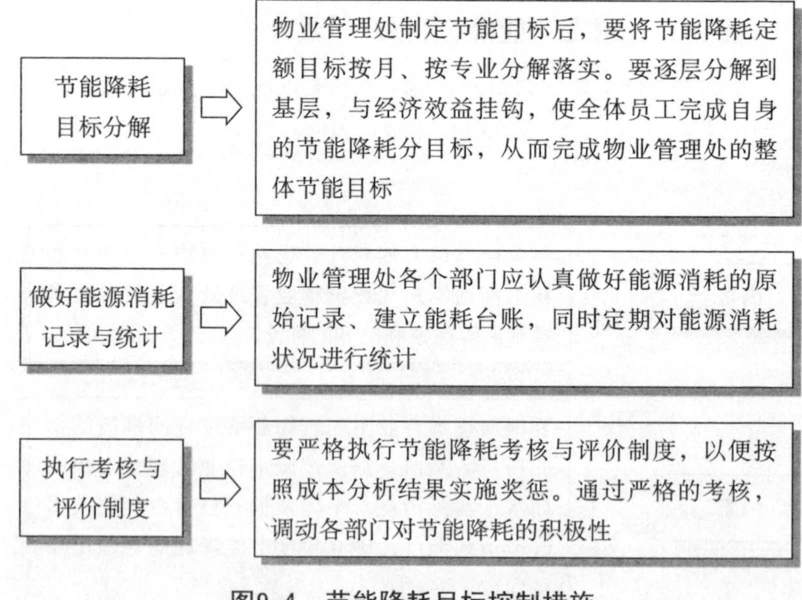

图9-4 节能降耗目标控制措施

要点05：设立节能员

物业管理处可以督促各部门设立节能员，强化部门的节能管理，同时明确其职责。节能员的职责具体如图9-5所示。

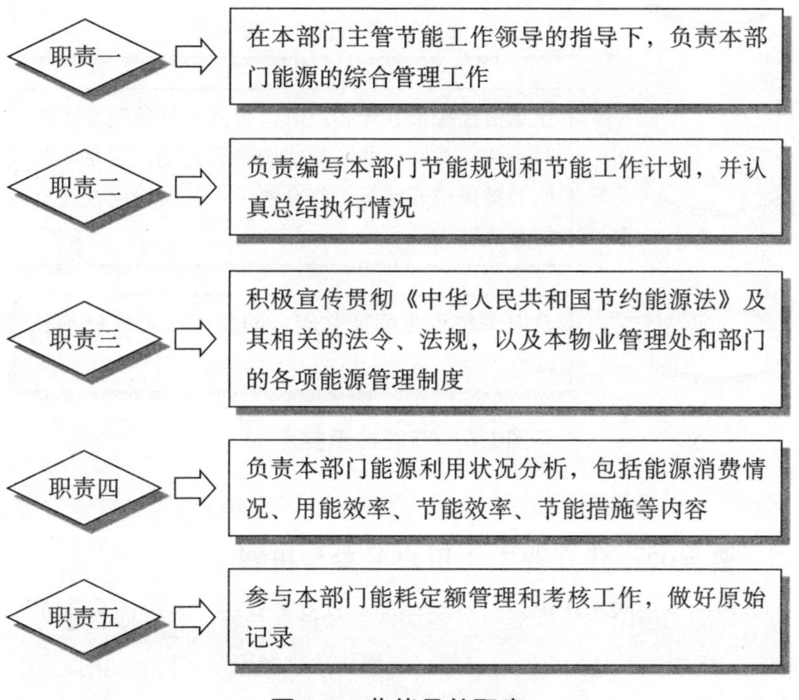

图9-5　节能员的职责

要点06：加强节能检查

物业管理处要加强节能检查，同时也要督促下属员工进行检查，具体检查要点如图9-6所示。

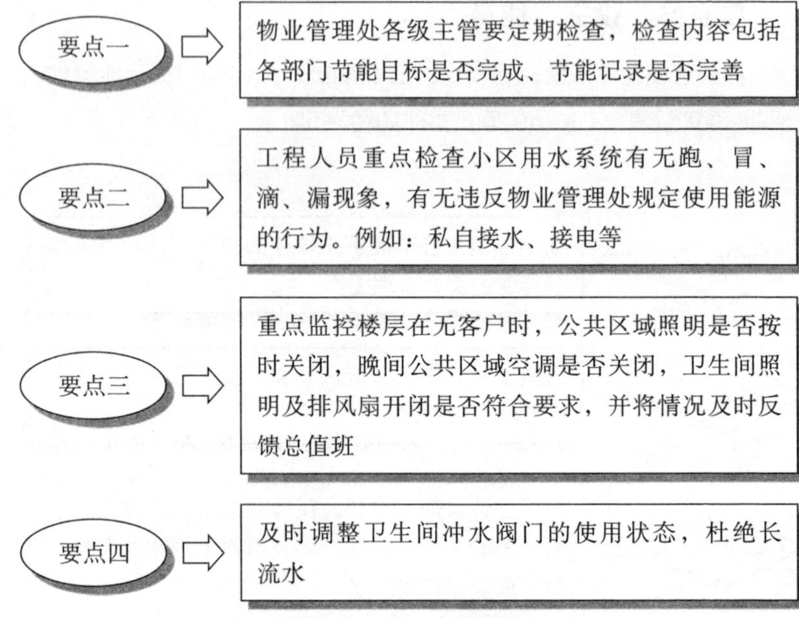

图9-6　节能检查要点

要点07：建立业主（用户）参与机制

物业节能降耗工作是社会活动，涉及各家各户。对物业管理处、业主（用户）、社会来说，节能降耗是一项“多赢”　事业。因此，不仅要激励物业管理处员工参与，还要鼓励广大业主（用户）积极参与。

物业管理处员工和广大业主（用户）相互结合，互补互动，就可以真正实现以人为本，使物业节能降耗工作更顺利，效果更好。建立业主（用户）参与机制的措施如图9-7所示。

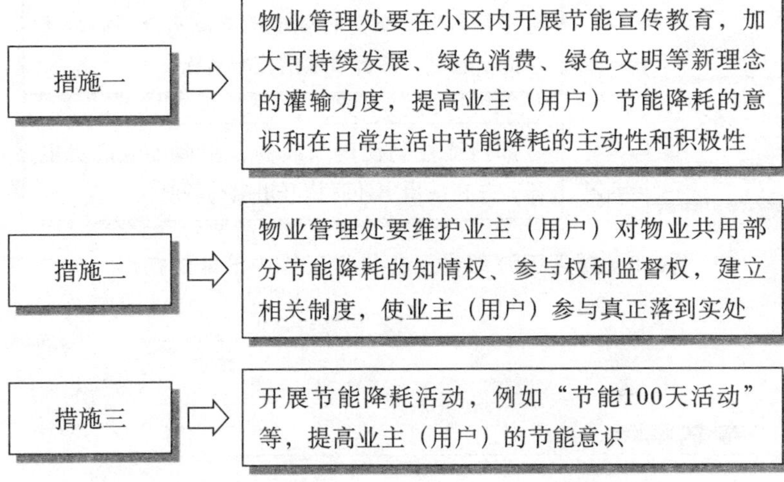

图9-7　建立业主（用户）参与机制的措施

要点08：督促工程部员工在日常工作中节能

工程部主管应当督促工程部员工在日常工作中节能，具体措施如图9-8所示。

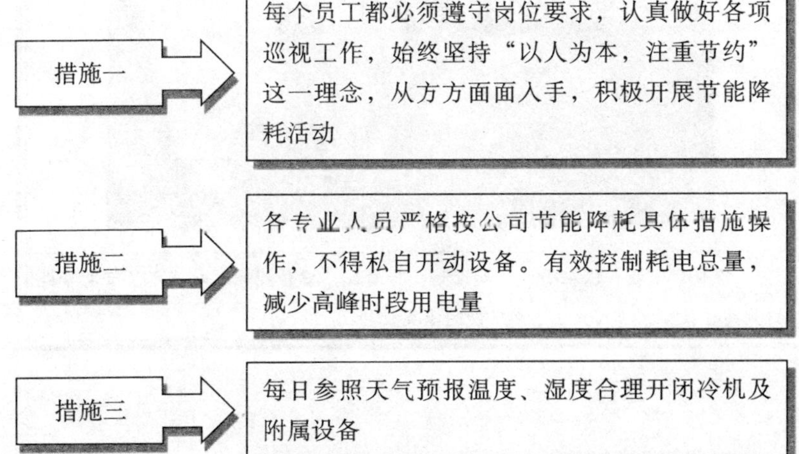

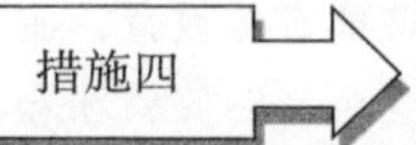

电工每日对设备运行耗电情况及不合理运行状态提出意见，监督节电措施的实施

各部门要控制使用取暖器、空调等生活用电器，并在使用中注意错开用电高峰时段

图9-8　督促工程部员工在日常工作中节能的措施

看板展示

看板01：节能宣传

物业管理处可以在小区各处设置宣传看板、宣传栏等，对节水、节电等进行宣传，使业主（用户）了解节能的重要性。

看板02：制作节能横幅

物业管理处可以积极制作节能横幅，将节能口号写在横幅上，吸引业主（用户）注意，强化其节能意识。

看板03：能源消耗统计

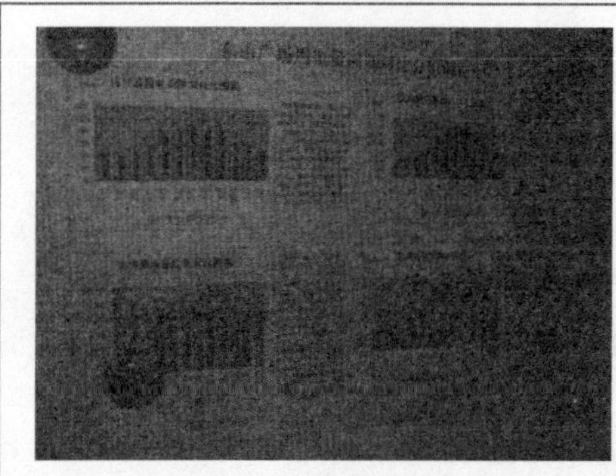

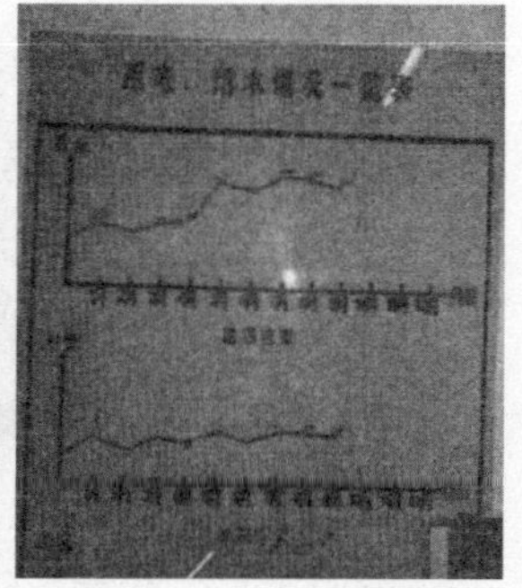

物业管理处应当定期对小区用电量、用水量进行统计，并列出报表，观察电量消耗途径，找出节约用电量的措施。

看板04：安装节能灯

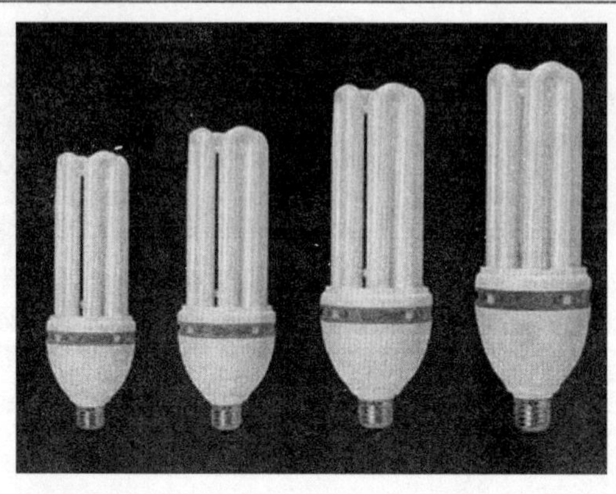

节能灯，又称为省电灯泡、电子灯泡，是一种新型的节能灯具。物业管理处应当多安装节能灯，以节省电能。

问题解答

问题01：节能降耗常用宣传标语有哪些

节能降耗常用宣传标语具体如下：

1．从我做起，争创节约型小区。

2．能源有限，节约无限。

3．节能珍惜资源，减排保护环境。

4．节能宣传标语摘录。

5．依法节能，全民行动。

6．依法节能，持续发展。

7．节能减排，科学发展。

8．节约能源，从我做起。

9. 节约能源，人人有责。

10. 节约用电，人人有责。

11. 节约用水，人人有责。

12. 节约能源，保护资源，保护环境。

13. 节约能源，促进人与自然协调发展。

14. 节约能源、大有可为，功在当代、利在千秋。

15. 能源连着你我他，节约能源靠大家。

16. 节约能源，全面建设小康社会。

17. 全民动员，共建节约型社会。

18. 开展“节能宣传周”活动 ，促进节约型社会建设。

19. 节约能源是我国经济持续发展的长远战略方针。

20. 为了明天更美好，请节约使用能源。

21. 使用节能产品，倡导绿色消费。

22. 合理使用能源，提高能源利用效率。

23. 向科学管理要节能，向技术进步要节能。

24. 节约资源、提高能效，保护环境、造福后代 。

25. 能源来自大自然，节能保护大自然。

26. 发展循环经济，增强可持续发展能力。

27. 提倡绿色生活，实施清洁生产。

28. 降废减损提质，节能降耗增效。

29. 点点滴滴降成本，分分秒秒增效益。

30. 随手关灯，随时有灯。

问题02：制定节能降耗目标有哪些注意事项

制定节能降耗目标的注意事项具体如下：

（1）物业管理处属于服务行业，提供给业主（用户）的产品就是服务。因此，在制定节能降耗目标的过程中，不能以牺牲服务质量为代价。

（2）节能降耗目标的制定不能保守，也不能冒进。目标太高达不到，既浪费了人力、财力，又挫伤了员工的积极性，还有可能使物业管理处错失生存发展的机遇；目标太低，起不到为物业管理处带来经济效益和社会效益的作用，没有实施价值。

问题03：如何节水

节水的具体措施如下：

（1）工程部应对物业区域内用水设备、管道、器具进行检查、更换、改造，调节卫生间冲水阀的跑水量，坚决地把旋转式开关水龙头全部更换为节水型水龙头。

（2）定时巡查各用水点，检查有无跑、冒、漏、滴现象。

（3）每天定人抄录水量，分析物业区域内用水是否合理，如果发现异常及时报告分析。

（4）物业区域内水池蓄水尽可能安排在夜间抽水。

（5）控制好绿化浇水用量适当减少雨后绿化浇水用量。

（6）严格控制乱使用消防水。

（7）控制好游泳池用水量提高管理员清洗水池的工作效率减少吸水时间。

问题04：如何节电

节电的具体措施如下：

（1）有效控制耗电总量，减少高峰时段用电量，也就是采用错峰节电方式，尽量避免在峰值电价时段用电。

（2）合理调整物业区域内照明，对公共照明系统加以合理改造，减少浪费，坚持对耗电量大的设施设备加强检修与控制。

（3）坚持夜间指派专人对各楼层巡视，关掉公共区域照明灯，保留1/2照明来保证公共照明亮度和安全。

（4）坚持每日做好能耗记录，监督节电措施的实施，并将节能工作列入每月考核与奖金挂钩。

（5）空调运行班每日参照天气预报温度、湿度合理开闭和调节空调主机及附属设备。

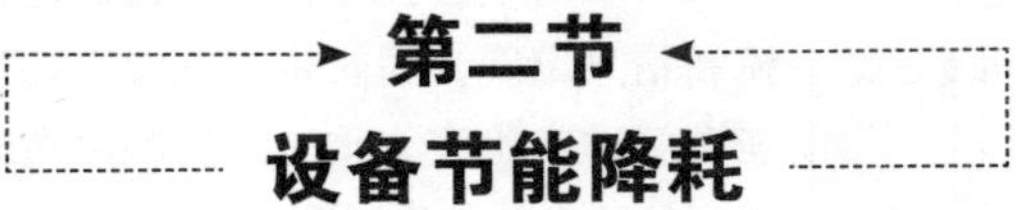

第二节 设备节能降耗

要点分析

要点01：实施设备改造

设备改造，就是对现有设备进行技术改造和更新，使其实现最佳节能效果的一种节能行为。在许多小区中，高能耗的设备、设计不合理等现象非常普遍。因此，物业管理处应当积极推行设备改造。

设备改造中一个难题就是技术问题，要制定合理的、科学的技术改造方案，必须要具有一批技术精尖的、各专业齐全的技术人才，但绝大多数物业管理处受管理成本的限制，不可能配备大批的高级技术人员。为解决这一问题，可以采取以下措施，具体如图9-9所示。

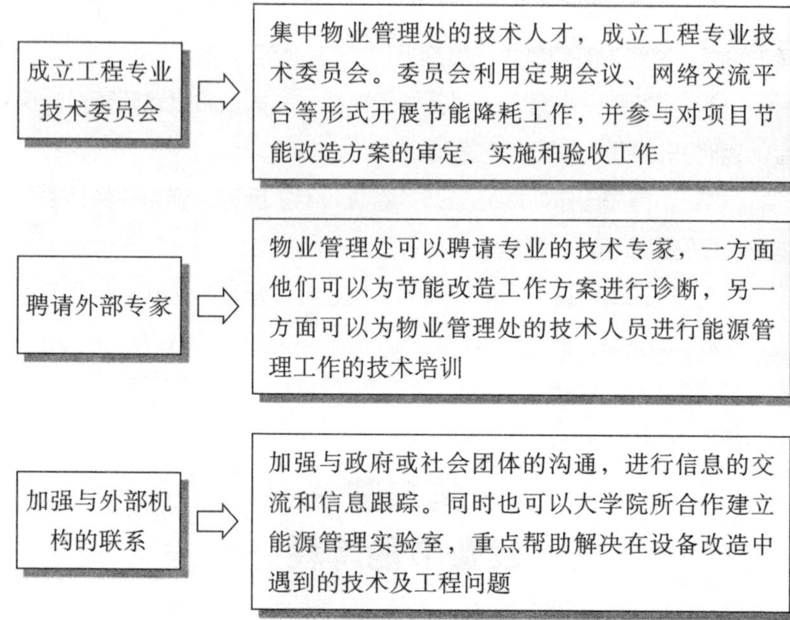

图9-9　设备改造的技术问题的解决措施

要点02：实施设备技术控制

技术控制包括两层含义，即运用专业节能产品，从而达到降低能耗的目的，以及运用技术方法达到降低能耗的目的。技术控制是做好物业项目节能工作的重要方法。

物业项目可以分成两类：一类是新建物业项目，一类是已经投入使用的物业项目。无论是新建物业项目还是已经投入使用的物业项目，待物业管理能够介入时，物业项目的工程建设均已基本结束或者已经完全结束，这时再想通过改变设计而达到节能目的，已经为时已晚，但是物业管理处可以做好以下工作，具体如图9-10所示。

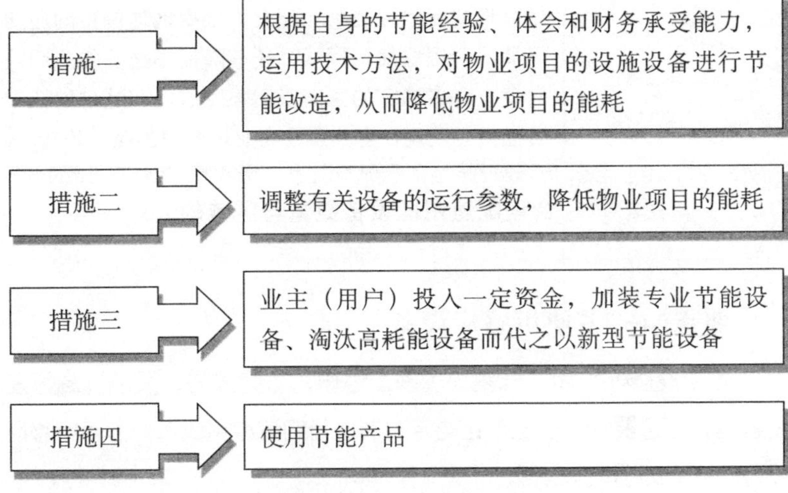

图9-10　设备技术控制措施

要点03：合理配置用能设备数量与区域

不同的区域对环境条件的要求不同，所需配置的设备要求也要跟着改变。具体配置要点如图9-11所示。

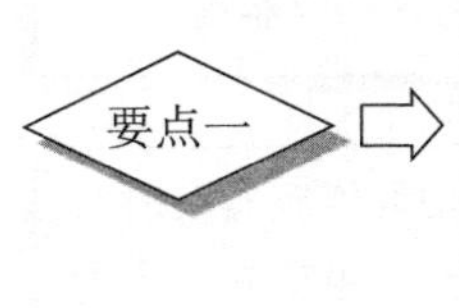

一些楼宇的通风设备有些在低效区长期运行，要尽量合理搭配负荷，适当提高作为调节负荷用的较低负荷制冷机的负荷，避免其在低效区运行

许多供热设备长期背着日照，位置隐蔽，湿气重的建筑和房间配置的暖气应采用多管暖气，使热量散发面积更大，而在温度高的建筑区域则可以适当减少暖气设备的管道数

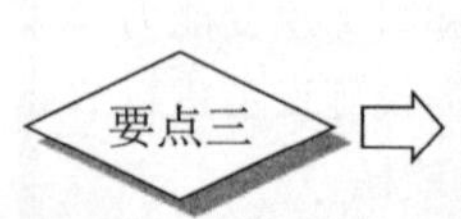

排风机的台数应视场地配套，根据地理位置的通风情况合理增加或拆减。还有降低不必要的照明照度，许多楼宇的室内照明强度过高，这种做法可能会导致现代化办公及商业环境中的照明浪费

图9-11　合理配置用能设备数量与区域的要点

要点04：多使用感应设备

感应设备多利用，既减少了人工运作，节约人力，又能提高智能化管理，作重要的一点是防止能源浪费，节约资源和成本。多使用感应设备的要点如图9–12所示。

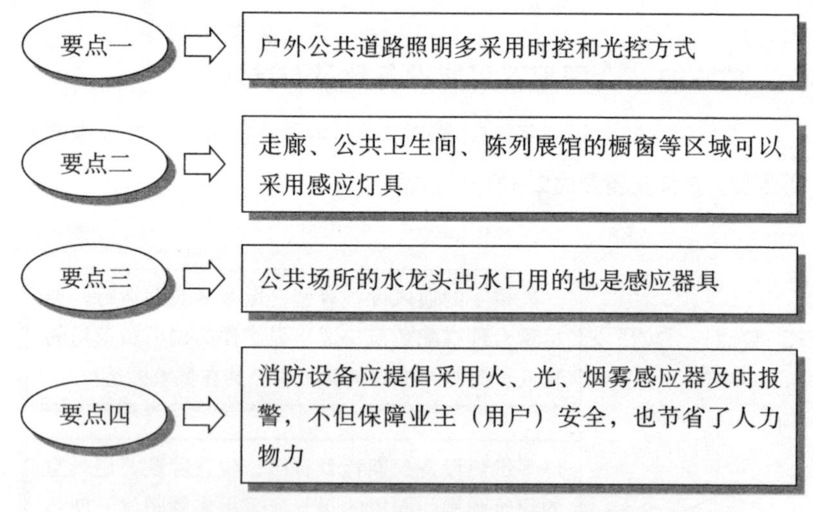

图9-12　多使用感应设备的要点

看板展示

看板01：安装感应水龙头

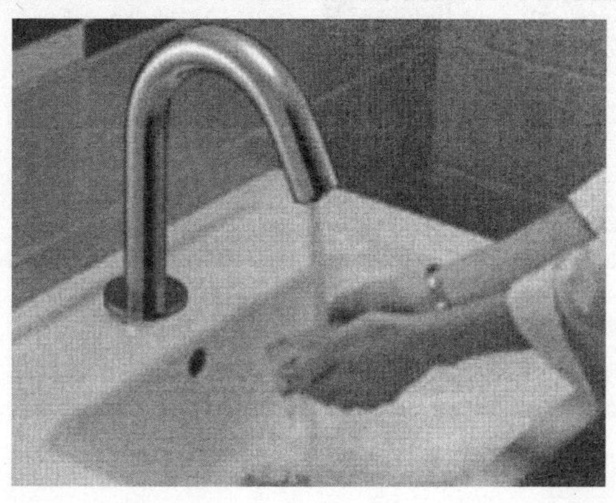

物业管理处应当在各用水的地方，如公共卫生间等安装感应水龙头，节省水资源。

看板02：设备开启提示

对一些缺乏明确的开关、指示灯的设备，应当通过悬挂提示牌的形式，标明设备开启状态。

看板03：非操作人员警示

物业管理处应当在设备操作区域张贴警示标志，提醒非操作人员“禁止入内”，以避免损坏设备。

问题解答

问题01：如何解决设备改造的资金问题

解决设备改造的资金问题的具体措施如下：

（1）为解决设备改造的资金这个问题，物业管理处可以在物业管理处内部建立节能基金，拟建设的节能降耗项目以借款的形式从节能基金中取得，项目完成后再根据该项目获得的节能效益分期还款。

（2）每年年初制定预算时，为设备改造单独拨出部分款项。

问题02：实施设备改造有哪些注意事项

实施设备改造的注意事项如下：

（1）充分考虑经济效益，严格控制设备改造成本。

（2）要考虑物业管理处的现状，改造后的设备应提升工作效率。

（3）要考虑到设备改造对相关联设备的影响，将不利影响控制到最小。